职业教育校企合作开发教材

广告实务

Guanggao Shiwu

姚　丽　主编

高等教育出版社·北京

内容简介

本书是职业教育校企合作开发教材，是为满足职业院校人才培养和技能要求，结合市场营销专业人才需求而编写的。

教材采用项目模块化设计，包括认知广告、运用广告构成要素、表现广告创意、创作印刷类广告、制作电子类广告和创建移动端互联网广告六个项目。本书围绕广告的基本知识和应用技能，详细地介绍了如何制作各种类型的广告，具有实用性和适用性，内容新颖、案例丰富，注重培养学生的实操能力。每个项目后面附有思考与练习题，既方便了教师教学和布置作业，又便于学生自主学习使用。

为便于教学，本书配有数字化教学资源，以学习卡、二维码的形式呈现，学习卡资源获取和使用方法详见本书"郑重声明"页。在网络环境下，用手机扫一扫各项目"思考与练习"后的二维码，即可查看参考答案。

本书可作为职业院校市场营销专业及其他商贸类专业的教学用书，同时可供各类职业培训使用，也可供市场营销人员、电子商务及其他商贸专业从业人员自学用书。

图书在版编目（CIP）数据

广告实务 / 姚丽主编 . -- 北京：高等教育出版社，
2021.11（2022.12重印）

ISBN 978-7-04-056565-2

Ⅰ . ①广… Ⅱ . ①姚… Ⅲ . ①广告学 – 中等专业学校
– 教材 Ⅳ . ① F713.80

中国版本图书馆 CIP 数据核字（2021）第 152500 号

策划编辑	丁孝强	责任编辑 丁孝强		特约编辑 张翠萍		封面设计 张 楠
版式设计	杨 树	插图绘制 李沛蓉		责任校对 高 歌		责任印制 存 怡

出版发行	高等教育出版社	网　　址　http://www.hep.edu.cn
社　　址	北京市西城区德外大街 4 号	http://www.hep.com.cn
邮政编码	100120	网上订购　http://www.hepmall.com.cn
印　　刷	唐山嘉德印刷有限公司	http://www.hepmall.com
开　　本	889mm×1194mm　1/16	http://www.hepmall.cn
印　　张	10.5	
字　　数	210 千字	版　　次　2021 年 11 月第 1 版
购书热线	010-58581118	印　　次　2022 年 12 月第 2 次印刷
咨询电话	400-810-0598	定　　价　30.60 元

前　言

随着我国社会主义市场经济的迅速发展，越来越多的企业采用新的营销方式。特别是广告行业近几年发生了翻天覆地的变化，传统的广告模式已经不能适应经济发展的要求，网络广告等新媒体广告越来越多地应用于企业的市场营销活动中。为了适应新的经济形势对广告人才的需求，必须给"广告实务"课程教材赋予新的内容，突出广告实训部分，让学生掌握广告制作技能。

本书具有以下特色：

1. 突出实践

本书编写符合职业教育要求，在内容的编写上克服了以往传统教材理论偏多、偏深的弊端，注重案例分析和实操训练。教材内容通俗易懂，符合职业院校学生的知识结构和认知规律。通过广告实例的介绍、分析、操作和总结，学生在模仿中掌握广告实务的要领、操作程序和技能要点，培养学生的学习能力与创新能力。

2. 结构合理

教材在编排上思路独特，以一名中等职业学校市场营销专业三年级的学生小美到广告公司各部门实习为主线，采用项目引领式编写模式，每个项目由几个任务驱动，把有关广告的各部分内容串联起来。在教材的每个任务中，包含了任务导入、任务分析、知识储备和任务演练，引导学生循序渐进地学习广告知识和掌握广告技能，培养学生的探索能力和创新意识。

3. 内容新颖

教材关注广告行业新知识、新技能的发展方向，内容丰富、深入浅出，顺应时代要求，补充了互联网广告的新形式。教材所涉及知识力求贴近生活和工作，编排新颖、图文并茂、简明实用，具有较强的趣味性和可读性。

本课程建议授课 72 学时，学时安排建议如下（仅供参考）：

教学内容	建议学时
项目1　认知广告	8
项目2　运用广告构成要素	14
项目3　表现广告创意	12
项目4　创作印刷类广告	14

续表

教学内容	建议学时
项目 5　制作电子类广告	8
项目 6　创建移动端互联网广告	16
合计	72

　　本书由山东省济南商贸学校姚丽任主编。项目 1 由姚丽编写；项目 2 由济南应用技术职业中等专业学校李小梅编写；项目 3 由河北商贸学校宋林编写；项目 4 由山东省济南商贸学校孙邈编写；项目 5 由哈尔滨市商业学校白宇编写；项目 6 由山东省济南商贸学校王志超编写。山东云媒互动网络科技有限公司、山东智捷电子商务有限公司的人员参与了本书的大纲讨论和内容编写，并提供了大量的案例素材。另外，在编写过程中参考了国内外有关书籍、报纸、杂志等大量文字资料和网络中的广告资源，在此一并表示衷心的感谢。

　　由于编者的水平有限，书中难免有不足之处，恳请同行及广大读者提出宝贵意见。读者意见反馈信箱：zz_dzyj@pub.hep.cn。

编　者
2021 年 5 月

目　　录

项目 1　认知广告 ……………………………………………………………………… 1

任务 1.1　认识广告 ………………………………………………………………… 1

1.1.1　广告的内涵 …………………………………………………………… 2

1.1.2　广告的构成要素 ……………………………………………………… 2

1.1.3　广告的作用 …………………………………………………………… 3

任务演练 ……………………………………………………………………… 4

任务 1.2　知晓广告的类型与功能 ………………………………………………… 5

1.2.1　广告的类型 …………………………………………………………… 5

1.2.2　广告的功能 …………………………………………………………… 10

任务演练 ……………………………………………………………………… 12

思考与练习 ………………………………………………………………………… 13

项目 2　运用广告构成要素 …………………………………………………………… 17

任务 2.1　设计广告文字 …………………………………………………………… 18

2.1.1　文字设计准则 ………………………………………………………… 18

2.1.2　编排广告文字 ………………………………………………………… 19

2.1.3　文字设计实例 ………………………………………………………… 23

任务演练 ……………………………………………………………………… 27

任务 2.2　策划广告图形 …………………………………………………………… 27

2.2.1　图形设计准则 ………………………………………………………… 28

2.2.2　绘制广告图形 ………………………………………………………… 29

2.2.3　图形设计实例 ………………………………………………………… 33

任务演练 ……………………………………………………………………… 36

任务 2.3　搭配广告色彩 …………………………………………………………… 36

2.3.1　色彩的内涵 …………………………………………………………… 37

2.3.2　色彩的心理效应 ……………………………………………………… 40

2.3.3　色彩设计实例 ………………………………………………………… 42

任务演练 ……………………………………………………………………… 48

思考与练习 ………………………………………………………………………… 48

项目3 表现广告创意 ································· 50

任务3.1 认识广告创意 ······························ 50
  3.1.1 创意的内涵 ······························· 51
  3.1.2 广告创意的过程 ··························· 52
  任务演练 ··································· 55

任务3.2 运用广告创意的思维方法 ···················· 56
  3.2.1 逻辑思维方法 ····························· 56
  3.2.2 形象联结思维方法 ························· 59
  3.2.3 放射性思维方法 ··························· 64
  任务演练 ··································· 65

任务3.3 分析广告创意实例 ·························· 66
  3.3.1 平面广告的创意实例 ······················· 66
  3.3.2 电视广告的创意实例 ······················· 68
  3.3.3 网络广告的创意实例 ······················· 69
  任务演练 ··································· 71

思考与练习 ··································· 72

项目4 创作印刷类广告 ································· 75

任务4.1 设计报纸广告 ···························· 76
  4.1.1 报纸广告的特点 ··························· 76
  4.1.2 制作报纸广告 ····························· 77
  4.1.3 报纸广告实例 ····························· 82
  任务演练 ··································· 84

任务4.2 设计杂志广告 ···························· 85
  4.2.1 杂志广告的特点 ··························· 85
  4.2.2 制作杂志广告 ····························· 86
  4.2.3 杂志广告实例 ····························· 89
  任务演练 ··································· 91

任务4.3 设计售点广告 ···························· 92
  4.3.1 售点广告的功能与特点 ····················· 93
  4.3.2 制作售点广告 ····························· 94
  4.3.3 售点广告实例 ····························· 96
  任务演练 ··································· 100

任务4.4 设计海报广告 ···························· 100
  4.4.1 海报广告的特点 ··························· 101

4.4.2　制作海报广告 ……………………………………………………… 102

4.4.3　海报广告实例 ……………………………………………………… 105

任务演练 ……………………………………………………………… 107

思考与练习 ……………………………………………………………… 107

项目 5　制作电子类广告 ………………………………………………… 110

任务 5.1　策划电视广告 ………………………………………………… 110

5.1.1　电视广告的优缺点 ………………………………………………… 111

5.1.2　电视广告的组成要素 ……………………………………………… 112

5.1.3　电视广告实例 ……………………………………………………… 114

任务演练 ……………………………………………………………… 115

任务 5.2　创作广播广告 ………………………………………………… 116

5.2.1　广播广告的优缺点 ………………………………………………… 116

5.2.2　制作广播广告 ……………………………………………………… 117

5.2.3　广播广告实例 ……………………………………………………… 118

任务演练 ……………………………………………………………… 121

思考与练习 ……………………………………………………………… 121

项目 6　创建移动端互联网广告 ………………………………………… 123

任务 6.1　制作店铺引流广告 …………………………………………… 124

6.1.1　店铺引流广告概述 ………………………………………………… 124

6.1.2　创设店铺引流广告 ………………………………………………… 125

6.1.3　店铺引流广告实例 ………………………………………………… 126

任务演练 ……………………………………………………………… 127

任务 6.2　制作钻石展位和直通车广告 ………………………………… 127

6.2.1　钻石展位和直通车广告的特点 …………………………………… 128

6.2.2　设计钻石展位和直通车广告 ……………………………………… 130

6.2.3　钻石展位和直通车广告投放实例 ………………………………… 136

任务演练 ……………………………………………………………… 142

任务 6.3　建立 SEO 搜索引擎关键词引流 …………………………… 142

6.3.1　SEO 搜索引擎关键词的分类 ……………………………………… 143

6.3.2　设置 SEO 搜索引擎关键词 ………………………………………… 145

6.3.3　SEO 搜索引擎关键词实例 ………………………………………… 147

任务演练 ……………………………………………………………… 148

任务 6.4　推广新媒体广告引流 ………………………………………… 149

6.4.1　设计微信广告引流 ·· 149

6.4.2　设计微博广告引流 ·· 151

6.4.3　建立今日头条广告引流 ······································ 152

任务演练 ·· 153

思考与练习 ·· 153

参考文献·· 156

项目 1 认 知 广 告

学习目标

掌握广告的内涵及构成要素，能针对案例分析广告的要素；
熟悉广告的类型与功能。

思维导图

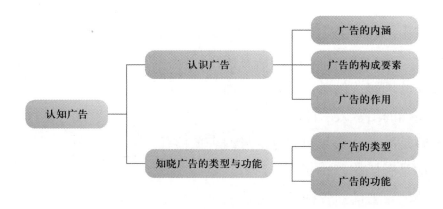

任务 1.1 认 识 广 告

任务导入

　　小美是某职业学校市场营销专业三年级的学生，想应聘本市最大的一家广告公司——创新广告公司的实习生。她跟人事部的李经理联系，预约好了面试时间，并如约而至。李经理热情地接待了她，问了她两个问题：

　　1. 企业为什么要做广告？你知道哪些广告做得很成功的企业？

　　2. 什么是广告？它由哪些要素构成？

　　如果你是小美，将如何回答呢？

李经理的问题，回答起来实际非常简单，就是需要了解广告的基本知识，掌握广告的内涵、构成要素及作用等内容。

1.1.1 广告的内涵

广告的含义分为广义和狭义两种。

广义广告内容比较广泛，包括营利性广告和非营利广告。营利性广告是为了推销商品和劳务，获取利益的广告；非营利广告指不以营利为目的的广告，包括政府部门、社会团体及个人的启事、声明、公告等，以及美化公共环境、防止空气污染、促进公共福利等方面的社会公益性广告。

狭义广告是指由已确定的出资人通过相关媒介向目标人群进行有关产品（商品、服务和观点）的，有偿性、劝服性、非人员的信息传播活动，以达到销售推广的目的。

狭义广告概念的理解，包括以下几个方面。

（1）必须有明确的出资人，即广告主。

（2）广告内容是商品、服务和企业本身的有关信息。

（3）广告活动是有偿的。

（4）非人员性，广告借助各种媒介传播信息。

（5）广告的最终目的是销售推广。

1.1.2 广告的构成要素

以广告活动的参与者为出发点，广告一般包括六大要素：广告主、广告公司、广告媒体、广告信息、广告受众、广告费用，如图 1-1 所示。

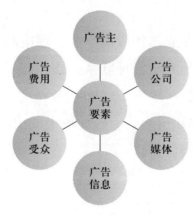

图 1-1 广告的构成要素

1.　广告主

广告主是指为推销商品或者提供服务，自行或者委托他人设计、制作、发布广告的法人、其他经济组织或者个人。

广告主是广告行为的主体，是广告费的承担者。广告主包括法人和自然人两类。法人广告主包括企业等经济组织和一些如街道、部队、群众团体等非经济组织；自然人广告主，是指在如征友、挂失、寻人等情况下发布广告的个人。

2.　广告公司

广告公司是指根据广告主提出的要求，开展广告业务活动的企业。

广告公司是连接广告主和广告媒介的中间桥梁，是广告活动的承办者。广告主通过广告公司来传播信息，广告公司帮助广告主设计制作广告信息，并找到合适的媒介进行适时传播。

3.　广告媒体

广告媒体是传递广告信息的物质载体。传统的"四大广告媒体"为报纸、杂志、广播、电视，近几年广告媒介日益多元化，新兴媒体层出不穷，目前广告媒体已超过百种，为广告信息的有效传播创造了良好的条件。

4.　广告信息

广告信息是广告主通过广告媒体向消费者与公众传播的主要内容，包括产品信息、服务信息、形象信息和观念信息等。广告中商品信息涵盖其历史、研制、性能、款式、原材料、产地、用途、品牌、价格等；服务信息包括内容、形式、质量、价格、允诺等；形象和观念信息主要是指企业的实力、规模、文化、价值观等信息。

5.　广告受众

广告受众是指广告信息的传播对象，即信息接收者。广告传播必须针对产品或服务的目标消费者，才能有效地实现商品的价值。目标消费者是商品和服务的购买者，因而非常现实地就会成为广告受众。

6.　广告费用

广告费用是指企业通过各种媒体宣传，激发消费者对其产品或服务的购买欲望，以达到促销的目的所支付的费用。

一般情况下，广告费用由两部分组成：一是直接费用，如广告制作费、媒介发布费等；二是间接费用，包括广告人员工资、办公费、管理费和代理费等。

1.1.3　广告的作用

广告的作用主要表现在以下四个方面。

1.　传递信息，刺激需求

广告是最大、最快、最广泛的信息传递手段。通过向消费者提供全面详细的信息，让消费者了解不同产品、不同品牌的特点，刺激市场对某类产品的需求，引起消费者的注意与兴趣。消费者对某一产品的需求，往往是一种潜在的需求，要把潜在的需求变成现实的购买行动，广告起到了很好的作用，它缩短了生产者和消费者在时空上的距离，营造的感觉刺激往往会激发消费者的购买欲望。

2．宣传品牌，彰显价值

在产品高度同质化的今天，品牌日渐成为商家重要的竞争手段，而广告是彰显品牌个性最有力的工具之一，广告本身不能改变产品的品质，但它能宣传商品与众不同的特性和品牌形象。例如，农夫山泉通过广告宣传的"有点甜"特性，大大提升了其在消费者心目中的价值。

3．提高效益，发展经济

广告宣传可以促进产品销售，帮助企业取得经济利益，同时促使企业不断开发新产品，推出新品牌，以区别于竞争对手，达到提高市场占有率的目的。广告加快信息的沟通，使产品的流转加快，促进社会生产活动的良性运行，不断地为社会创造出更多的财富，推动着整个社会经济的发展。

4．引导观念，引起思想共鸣

许多广告不以商品特征为主要诉求内容，而是在企业的观念中找到宣传点，来带动产品的宣传和企业形象的树立。通过不断的广告宣传强化消费者的记忆，提高企业的知名度和美誉度。广告潜移默化的作用，使消费者由不知到知，思想观念逐渐变化。例如，李宁的广告"一切皆有可能"到"让改变发生"，海尔的"真诚到永远"到"一个世界一个家"，它的作用超过了一般的产品广告，是对人们生活态度和观念的引导。

广告可以宣传最新的思想，可以将当下潮流元素、新技术知识与宣传内容交相融合，引导消费者以最直观的角度去领悟广告，引起消费者思想上的共鸣。

任务演练

1．任务目标
分析广告的要素。

2．任务内容
结合下面案例，分析广告的要素。

《××之恋》是北京A广告公司制作的MTV音乐电视广告，由广东B药业股份有限公司（以下简称"B药业"）投资300余万元制作，在中央电视台综艺频道播出。B药业这则创意新颖的电视广告一经推出，立刻吸引了消费者的注意力。广告的故事情节是以B药业创始人当年创业的经历为原型，描写了一对恋人相互爱恋和共同创业的故事。男子采药、配药，女子熬药、晒药，遵循一道道精细而严密的工序制药，到最后B药业正式开张和男女主人公婚庆双喜临门。

这则广告正是利用了与中国传统文化相结合的创意，展现了 B 药业的文化厚重感，让人们在欣赏广告的同时，看到了制药的精细工序，感受到了 B 药业的企业文化，达到了广告传播的目的和效果。

3．任务操作过程

（1）将全班同学每 4~6 人分为一组，选出小组负责人，教师说明任务内容和成果要求。

（2）分组分析。

（3）由小组负责人在班内进行口头交流。

4．任务成果

完成表 1-1。

表 1-1　分析广告的要素

广告要素	广告主	广告公司	广告媒体	广告信息	广告受众	广告费用
分析内容						

任务 1.2　知晓广告的类型与功能

任务导入

小美初次面试十分顺利，让她认识到了掌握扎实的广告知识是多么重要。小美顺利通过第二轮面试后，被分到创新广告公司的档案管理部门实习。小美的主要工作任务是进行公司广告的分类，面对纷繁复杂的各种广告，小美该如何厘清广告的种类？

任务分析

小美请教了学校的专业老师，老师告诉她要想顺利完成工作任务，首先要了解广告按照哪些标准进行分类，每种分类标准下包括哪些广告类别，然后确定创新广告公司所使用的分类标准，再将企业的广告对号入座，进行归档。

知识储备

1.2.1　广告的类型

广告可以按照不同的标准进行分类，如按广告的内容、诉求方式、媒体、艺术表现形式等来划分广告类别。

1. 按广告的内容分类

按广告的内容，广告可分为商品广告、企业广告、服务广告和观念广告等。

（1）商品广告。商品广告是以介绍商品的名称、突出商品的特性并进行销售说服等为主要内容的广告，目前绝大部分广告属于商品广告的范畴。商品广告一般是运用与销售直接有关的表现形式，来说服消费者购买商品，其目的是提高商品的知名度，实现商品销售。如图1-2所示。

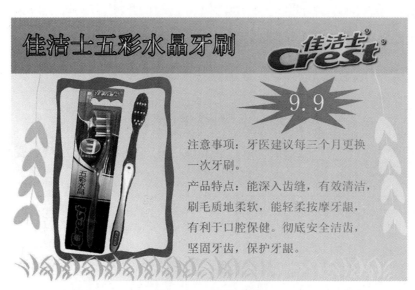

图 1-2 商品广告

（2）企业广告。企业广告是通过塑造产品、品牌或企业整体的形象，以提高企业知名度为主要目标的广告。其目的是通过广告向公众传达他们感兴趣的企业信息，使消费者对企业的历史、目标、产品、生产技术、设备、人员素质、经营理念及服务态度等有一个良好的印象。成功的企业广告使消费者在购买商品时不是挑商品，而是挑选生产这种商品的厂家。企业广告不是宣传产品，而是树立企业的形象，通过广告长久地巩固和发展这一形象，赢得消费者的喜爱和支持。

（3）服务广告。服务广告是广告主在对用户进行服务的过程中，对其已有或者新推出的各种服务进行宣传，主要内容是介绍服务产品的名称、特征和服务承诺等，如旅游、车辆出租、家电维修、美容美发等内容的广告就属于服务广告的范畴。

（4）观念广告。观念广告是通过提倡或宣扬某种观念和意见，引导或转变公众的看法，影响公众的态度和行为的一种广告。它是以建立观念为目的的广告，不直接介绍产品和宣传企业，主要介绍组织的宗旨、信念、文化或某项政策，也可以传播社会潮流的某个倾向或热点。

观念广告有两种：一是消费观念广告，即引导消费者改变原有的消费观念，树立新的消费观念和消费方式的广告；二是社会观念广告，即在广告中发表对某一社会性问题的意见，以影响舆论，达到改变消费者特定思想观念的目的，从而为企业的营销服务。

2．按广告的诉求方式分类

按广告的诉求方式，广告可分为理性广告和感性广告。

（1）理性广告。理性广告是采取具有逻辑性的说服手法，准确地传达企业、产品、服务的功能性利益，为消费者提供足够供其分析判断的信息，促使他们经过理性的思考和判断，进而购买和使用。

这种广告强调商品的功效和具体的产品参数，采用语言、数据、图表等多种表达方式，说理性强，能够全面地论证企业的优势或产品的特点。例如，某款 vivo 手机的广告内容为：极限视觉，2 560×1 440 超高清分辨率，PPI 高达 490，辅以独有的"蝶线"画质引擎技术，让屏幕上每一处复杂精密的图像细节都清晰可见。震撼听觉，戴上任何一副耳机都可以达到真实多声道影院声场效果，观影时可以清楚地感受到脚步由远及近（见图 1-3）。此广告大量运用了数字和技术指标来说明这款手机的强大功能和优势，吸引理性消费者，达到广告目的。

图 1-3　手机广告

（2）感性广告。感性广告是指根据消费者心理需求，在广告中融入亲情、爱情、友情等情感，激发消费者的情感共鸣，促使他们接受广告信息并产生相应的消费行为。

感性广告并不完全从商品本身固有的特点出发，而是更多地运用合理的艺术表现手法进行广告创作，以亲切、柔和的广告语言，自然流畅的广告风格，不断对消费者的感情进行冲击，使之产生好感，最终达到销售产品或服务的目的。

3．按广告的媒体分类

按广告的媒体，广告可分为印刷广告、电波广告、网络广告和户外媒体广告等。

（1）印刷广告。印刷广告是指利用报纸、杂志和其他印刷品通过单一的视觉、单一的维度传递有关信息的广告形式。印刷广告主要由文字和图形两大部分构成。文字包括标题、正文、标语、附文等构成要素；图形包括绘画、照片、图案、商标、图样等构成要素。印刷广告主要有报纸广告、杂志广告、传单广告（见图1-4）、包装广告、招贴画广告等形式。

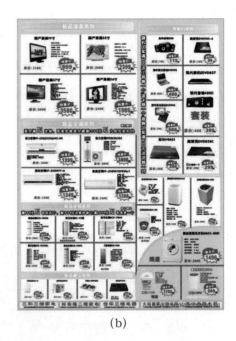

(a)   (b)

图 1-4　传单广告

（2）电波广告。电波广告就是通过无线电波向广大地区公众传递声音、图像的广告形式。它是一种视听媒介的广告，覆盖面很广，对消费者有较强的吸引力和影响力。电波广告主要有广播广告、电视广告、电影广告等形式。

① 广播广告是通过无线电波或金属导线，用电波向大众传播广告信息的形式。信息容量大，目标听众多，特别是在电视、网络信号很难达到的边远地区，传播效果更好。广播广告往往语言通俗易懂，简练幽默，煽动性强，易激发消费者的兴趣。从多年的发展趋势来看，广播广告的影响力仍然很大，它的独特魅力有其他媒体无可比拟之处。

② 电视广告是一种经由电视传播的广告形式，它将视觉形象和听觉综合在一起，充分运用各种艺术手法，能最直观生动地传递产品信息。电视广告播放及时、覆盖面广、选择性强、收视率高且能反复播出，可以加深收视者的印象。

③ 电影广告在很多国家已成为与广播广告、电视广告并重的大众媒体广告。电影广告是以电影及其衍生媒体为载体的广告形式，它运用语言、画面、音乐、音响等因素，声画兼备、视听结合，连续的画面能让产品的性质特点生动直观地展现出来，使商品更富于感染力和号召力，受众在获得艺术享受的同时，更易理解广告信息。

（3）网络广告。网络广告是指通过图文或多媒体方式，在国际互联网上发布有关信息的一种广告形式。网络广告是多维的，它能将文字、动画、图像、声音和虚拟现实等要素有机地组合在一起，传递多感官的信息，让消费者如身临其境般感受商品或服务，大大增强了网络广告的实效性。网络广告不受任何时间与地域的限制，通过国际互联网把各类商品信息24 小时不间断地传播到世界各地。

网络媒介最大的特性就在于它的互动性，广告信息的传播方式不是单向传递而是双向沟通。多媒体技术，可以做到图文并茂，同时可以进行人机对话。通过链接，消费者只需简单地点击鼠标，就可以从厂商的相关站点中得到更多、更详尽的商品信息。

网络广告包括弹出广告、插播式广告、视频广告、按钮式广告、巨幅连播广告、翻页广告等多种形式。

（4）户外媒体广告。户外媒体广告是指利用公共场所、城市道路、铁路、地铁等人流量集中的户外场所，设置包括气球、飞艇（见图 1-5）、路牌、霓虹灯、广告柱、灯箱、LED电子屏等媒介，发布商品信息的一种广告形式。

图 1-5　飞艇广告

户外广告往往面积较大、色彩鲜艳、主题突出，容易吸引行人的注意力，不经意间给受众以视觉刺激，从而使消费者很容易认知和接受广告信息。

4．按广告的艺术表现形式分类

按广告的艺术表现形式，广告可分为文字广告、图片广告、表演广告和演说广告等。

（1）文字广告。文字广告是指以文字作为表现形式的广告，常见于报纸广告、标语广告等。

（2）图片广告。图片广告即以图形为主表现形式传递广告信息的广告。它是由图形和文字组成的，以摄影、绘画等手段制作，广告形象性较强。在表现效果上，图片广告一般强于文字广告。

（3）表演广告。表演广告是指以表演的方式传达信息的广告。例如，在广播、电视中以小品、短剧等形式制作的广告，以及在销售现场进行的表演广告等。如图 1-6 所示，销售人员在进行榨汁机操作演示。这类广告形式新颖、表现直观，说服性强，具有一定的示范性。

图 1-6　榨汁机表演广告

（4）演说广告。演说广告指用语言艺术来推销商品，主要有广播广告和销售现场广告等。演说广告依靠语言的魅力来传递商品信息，打动消费者。

1.2.2　广告的功能

在市场经济条件下，广告不仅具有引导生产和消费、促进市场经济发展的经济功能，而且具有信息传播、文化教育引导等社会功能，对人们的思想观念、消费行为起着至关重要的影响作用。广告的功能具体包括以下四种。

1. 营销功能

广告是企业营销中最常采用、最有效的推广手段之一，在企业的促销策略中占据举足轻重的位置。企业通过广告可以增加知名度，让消费者知晓企业及其产品，同时宣传产品个性，介绍使用方法和产品用途等，使自己的产品与竞争者的产品区别开来。同时广告可以提供有关销售渠道、销售价格、联系方式、促销信息等，帮助企业较好地完成其营销任务。

2. 传播功能

现实中，生产者的产品和服务与消费者的购买和消费在时空上都存在着一定距离。广告作为一种信息传播手段，充分发挥了媒体的传播功能，缩短了这种距离。

信息传播是广告最基本的功能。对于广告主来说，广告把有关商品和服务的各种信息发送出去，为广告主宣传其产品或服务的品质、特征、品牌、包装、使用保养及维修方法等。对于消费者来说，获得的关于市场和商品的信息绝大部分都来自广告。广告反复传播的信息，能潜移默化地把商品知识、消费知识以及科技知识等渗透到消费者的脑海之中。通过广告传播对消费者的需求进行诱导，促使消费者产生购买动机，采取购买行为，进而引导消费。

广告活动依赖于各种媒体在生产者、经营者和消费者之间传播信息，实现信息沟通，促进社会经济的发展。广告的传播功能主要体现在以下三个方面。

（1）传播迅速，覆盖面广。现代大众传播媒体的快速发展，为广告传播的及时性、广泛性提供了保证。特别是电视、广播、互联网等广告媒体，可以将广告信息瞬间发送到千里之外，无论消费者身处何地，都能随时随地接收到广告信息。

（2）传播内容的一致性。不同地区的消费者，在同一时间接触到的都是同一信息含量的广告，不会出现内容失真的现象。

（3）广告传播信息的效果好。广告之所以成为多数企业首选的促销方式，主要在于广告传播信息的产出效果明显。高保真的信息传递，带有一定的诱导性和影响力，会产生较好的销售效果。

3．经济功能

广告是商品经济的产物，也是市场经济的推动器。广告可以带动产品的销售，为企业直接创造经济效益；给企业带来竞争压力，不断激发企业的活力；广告业的发展可以推动其他行业乃至整个社会经济的繁荣。

广告的经济功能主要体现在以下三个方面。

（1）刺激消费。广告有关商品和服务的信息传达，实际上是在不断地引导和刺激消费者的欲望与需求，是一种劝诱和说服的过程，使消费者逐渐理解认同并接受广告信息，直至产生消费行为。广告的目的不只是推销产品，还具有指导消费者行动的导购作用，广告在不断刺激消费者需求的过程中，达到实现产品价值的目的。

（2）促进竞争。广告是企业参与市场竞争的重要手段。企业为了获得相对于同行或其他企业的市场优势和有利的市场地位，必然要借助广告。通过广告，向消费者提供商品的可选择性和比较性，使消费者分清各个竞争主体的优势，指导其购买与消费；通过广告，能使竞争的形式变得更加激烈，不断激发企业的竞争活力，实现优胜劣汰。

（3）繁荣经济。通过广告信息的传递，能加快商品的流通并扩大商品销售的规模和区域，促进商品的销售和服务的使用，造成社会消费的扩大和增长，使企业在满足消费者需求的过程中，实现尽可能高的商业利润。同时，广告可以加速商品流通和资金周转，促进资源的合理配置，提高经济活动的效率，为社会创造更多的财富。从这个意义上说，广告间接起到了促进商品生产、繁荣市场、发展经济的积极作用。

4．文化功能

当今社会，广告既是一种经济行为，也是一种独特的社会文化现象。现代广告已经深入社会文化的各个领域，对人们的生活产生了深远的影响，主要体现在以下三个方面。

（1）社会教育功能。广告作为一种典型的文化载体，不断地向消费者传达新的价值观念、文化理念和生活观念等，在思想道德、文化教育方面可以发挥重要作用。在现实生活中，人们的行为规范、生活方式、兴趣、爱好等不可避免地要受到广告的影响，对于青少年来说尤为显著。广告主、广告公司和媒介作为广告活动的主要参与者，必须意识到广告的这种功能，主动担负起广告的社会教育的责任，在介绍商品、劳务等各类信息的同时，融入正确的教育内容，积极倡导向上的生活态度和健康的生活方式，以促进社会向更高层次的方向发展。

（2）丰富文化功能。广告既是一门科学，也是一门独特的艺术。广告在传播信息的过程中，需要采用一些艺术的表现形式和表现手法，来展现广告的主题和内容。广告通过小品、音乐、歌舞、美术、诗歌、戏剧等艺术手段，把消费者所需的商品、服务等信息再现出来，使人们在获得信息的同时，也得到艺术的熏陶和美的享受。人们观看广告的过程就是欣赏艺术作品的过程，特别是那些制作精良、格调高雅、富有艺术感染力的广告，能引起人们的注意，使人们在不知不觉中接受教育，对传统文化的传承、先进文化的发展起着潜移默化的作用。广告以其特殊的方式参与社会文化的建设，提高人们的审美情趣，激发人们对真善美的渴望和追求，使人们的文化生活变得更加丰富多彩。

（3）传播知识功能。现代社会，若没有广告有意识地承担起新知识、新技术的宣传与教育功能，现代经济和文明不可能发展得如此迅速。因此，广告已成为传播新知识、新技术的重要载体和有力手段，它对科技进步、整个社会文化素质的提高发挥着巨大的推动作用。

任务演练

1. 任务目标

总结广告的分类。

2. 任务内容

以小组为单位，总结广告的分类，完成任务成果中的思维导图。

3. 任务操作过程

（1）将全班同学每 4~6 人分为一组，选出小组负责人，教师说明任务内容和成果要求。

（2）分小组完成思维导图，并由小组负责人在班内展示。

4. 任务成果

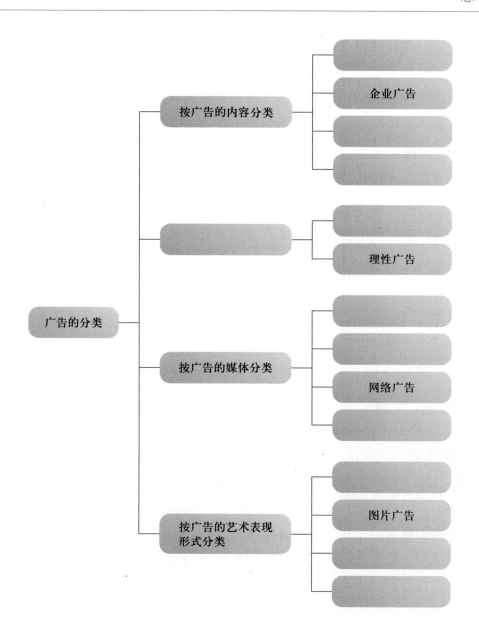

思考与练习

一、单项选择题

1. 广告的最终目的是（   ）。

    A. 市场调查   B. 销售推广

    C. 售后服务   D. 有偿的

2. （   ）是指根据广告主提出的要求，开展广告业务活动的企业。

    A. 广告主   B. 广告公司

    C. 广告媒体   D. 广告信息

3. 农夫山泉通过广告塑造的"有点甜"特性，体现了广告的（   ）作用。

    A. 传递信息，刺激需求　　　　　　　　　B. 宣传品牌，彰显价值

    C. 提高效益，发展经济　　　　　　　　　D. 引导观念，引起思想共鸣

4. 海尔的"真诚到永远"到"一个世界一个家"，体现了广告的（   ）作用。

    A. 传递信息，刺激需求　　　　　　　　　B. 宣传品牌，彰显价值

    C. 提高效益，发展经济　　　　　　　　　D. 引导观念，引起思想共鸣

5. 某品牌手机广告内容为：6.47 英寸（约 16.43cm）OLED 曲面屏，磁悬屏幕发声；4 200 mA·h 大电池，华为 40W 超级快充。从广告的诉求方式来看这是（   ）。

    A. 理性广告　　　　　　　　　　　　　　B. 感性广告

    C. 观念广告　　　　　　　　　　　　　　D. 商品广告

6. （   ）是不受任何时间与地域的限制，通过国际互联网把各类商品信息 24 小时不间断地传播到世界各地。

    A. 印刷广告　　　　　　　　　　　　　　B. 电波广告

    C. 网络广告　　　　　　　　　　　　　　D. 户外媒体广告

7. （   ）是广告最基本的功能。

    A. 营销功能　　　　　　　　　　　　　　B. 传播功能

    C. 经济功能　　　　　　　　　　　　　　D. 文化功能

二、多项选择题

1. 以广告活动的参与者为出发点，广告要素包括（   ）。

    A. 广告主　　　　　　　　　　　　　　　B. 广告公司

    C. 广告媒体　　　　　　　　　　　　　　D. 广告信息

    E. 广告受众　　　　　　　　　　　　　　F. 广告费用

2. 广告主包括两类，分别是（   ）。

    A. 法人　　　　　　　　　　　　　　　　B. 广告公司

    C. 自然人　　　　　　　　　　　　　　　D. 群众团体

3. 广告的作用包括（   ）。

    A. 传递信息，刺激需求　　　　　　　　　B. 宣传品牌，彰显价值

    C. 提高效益，发展经济　　　　　　　　　D. 引导观念，引起思想共鸣

4. 观念广告有两种，是（   ）。

    A. 商品广告　　　　　　　　　　　　　　B. 消费观念广告

    C. 社会观念广告　　　　　　　　　　　　D. 服务广告

5. 从广告的诉求方式来看，广告可以分为（   ）两大类。

    A. 理性广告　　　　　　　　　　　　　　B. 感性广告

C.社会观念广告　　　　　　　　　　D.服务广告

6.广告的功能具体包括（　　）。

A.营销功能　　　　　　　　　　　　B.传播功能

C.经济功能　　　　　　　　　　　　D.文化功能

7.广告的经济功能主要体现在（　　）三个方面。

A.教育功能　　　　　　　　　　　　B.刺激消费

C.促进竞争　　　　　　　　　　　　D.繁荣经济

三、判断题

1.广告传播必须针对产品或服务的目标消费者，才能有效地实现商品的价值。（　　）

2.广告费用中的直接费用包括广告人员工资、办公费、管理费、代理费等。（　　）

3.目前绝大部分广告属于企业广告的范畴。（　　）

4.在表现效果上，图片广告胜过了文字广告。（　　）

四、简答题

1.狭义广告的含义是什么？如何理解？

2.广告的类型有哪些？

五、案例分析题

可口可乐公司诞生于1886年，是世界软饮料销售的领袖和先锋，产品日饮用已经超过10亿杯，2019年营业收入达到371亿美元，市场份额达到48%。目前可口可乐是全球最有价值的品牌。早在2001年《商业周刊》公布的全球100个最具价值品牌名单中，可口可乐以高达725亿美元高居榜首。

可口可乐公司的前老板伍德拉夫有一句名言："可口可乐99.61%是碳酸、糖浆和水。如果不进行广告宣传，那还有谁会喝它呢？"从历史上看，可口可乐公司是以巨大的广告投入而取胜的，如今可口可乐在全球每年广告费超过40亿美元。

可口可乐广告往往体现了一种人文关怀，无论是片中讲述的爱情、亲情还是友情，都是在接近幸福，拉近了品牌和消费者之间的距离，让人们产生一种认同感，"每时每刻都有可口可乐与你相伴"。考虑到可口可乐的主目标客户群是年轻人，再结合可口可乐一向生动活泼、充满朝气的品牌形象，可口可乐选择的广告形式为大众普遍喜欢的电视广告，目标客户群具有针对性的网络广告和地区影响性的户外广告等。

可口可乐进入中国其初期的广告积极寻找中国元素，将自己的产品与中国元素相结合，为中国消费者所认知以及认可；中期，大部分以明星代言为可口可乐广告宣传手段，与各种体育赛事和活动相结合，赞助中国足球队等，扩大可口可乐的影响力；后期，可口可乐在运用大众传播媒介的同时，也不遗余力地建立自己的网络传播系统，积极开发新的传播渠道，不再拘泥于电视广告。

不管在哪个时期，可口可乐一直在央视和地方台黄金时段投放狂轰滥炸的电视广告。除了积极开展网络互动之外，可口可乐还建立了属于自己的中文网站，进行网络广告的推广（见图1-7）。在户外城市主要街道、公交站点设置灯箱广告、广告牌、LED显示屏进行广告展示。火车站、机场等交通枢纽内设置新媒体广告，还有零售商店、超市的POP广告（见图1-8）等。

图1-7　可口可乐官网广告

图1-8　可口可乐超市广告

分析：

1. 案例中可口可乐的广告种类有哪些？

2. 可口可乐广告的作用是什么？

参考答案

项目2 运用广告构成要素

 **学习目标**

掌握广告文字的设计准则，学会广告字体设计；

掌握广告图形的设计准则，学会如何策划广告图形；

了解广告色彩的内涵，能设计出不同色彩类型的广告；

了解不同广告色彩产生的心理效应；

具备独立完成字体设计、图形设计及完整广告设计的能力，具备自主学习和广告创新的意识。

 思维导图

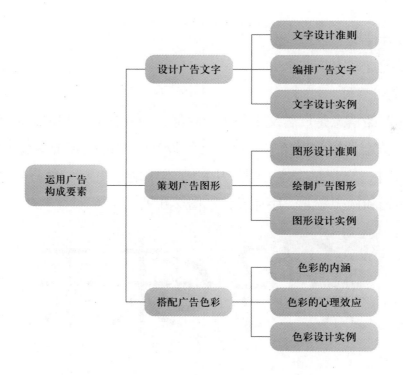

任务 2.1   设计广告文字

 **任务导入**

小美经过努力，很快就成为创新广告公司的一名实习设计员。有一天，公司接到客户的一个订单，对方要求为自己的品牌设计广告字体和宣传广告。总监找到小美，说明客户的要求后，把这个任务交给她来完成。小美是第一次独立承担设计任务，所以既兴奋又紧张，还有一些迷茫。广告设计部总监建议她按照文字的设计标准结合自己的创意进行设计。

 **任务分析**

小美想：文字的设计标准有哪些呢？通过和广告总监的交流，她很快解开了心里的疑问。想要顺利完成本次设计工作，必须先弄清楚广告字体设计的理论知识，然后遵循一定的设计原则，反复多次修改方案才能做出令客户满意的作品。

 知识储备

2.1.1   文字设计准则

广告文字设计的准则包括四个方面。

1. 注重文字的可观性

向消费者传达产品信息是广告文字的主要功能，而要达到此目的，必须考虑文字的整体诉求效果，给人以清晰的视觉印象。因此，文字设计时应避免繁杂零乱，使人易认、易懂。防止为了设计而设计，忘记了文字在设计中的根本功能是更好、更有效地传达设计者的意图，表达设计的主题和构想意念，字体设计如图 2-1 所示。

图 2-1

图 2-1   字体设计

2. 赋予文字鲜明的个性

根据广告主题的要求，极力突出文字设计的个性色彩，创造独具特色的字体，给人以与众不同的视觉感受，将有利于树立企业和产品的良好形象。在设计时要避免与已有的一些设计作品的字体相同或相似，更不能有意模仿或抄袭。在设计特定字体时，一定要从字的形态特征与组合编排上进行探求，不断修改，反复琢磨，这样才能创造出富有个性的文字，使其外部形态和设计格调都能唤起人们的审美愉悦感受，如图 2-2 所示。

图 2-2

图 2-2　创意字体设计

3. 视觉上给人以美感

在视觉传达的过程中，文字作为画面的形象要素之一，具有传达感情的功能，因而它必须具有视觉上的美感，能给人以美的感受。字形设计良好，组合巧妙的文字能使人感到愉快，留下美好的印象，从而获得良好的心理反应，如图 2-3 所示。

图 2-3

图 2-3　"双 11"字体设计

4. 位置上要符合整体设计要求

文字在画面中的排版要考虑到全局，不能有视觉上的冲突，否则在画面上将会主次不分，很容易引起视觉顺序的混乱。有时候一毫米的差距都会改变整个作品的味道。

2.1.2　编排广告文字

编排广告文字主要包括编排的要求和形式两个方面。

1. 广告文字编排的要求

广告文字的编排要考虑主次之分，文字排列组合的好坏，直接影响版面的视觉传达效果。因此，文字设计要提高作品的诉求能力，增强视觉效果，必须注意以下三个方面。

（1）编排主次分明。文字要想取得良好的视觉排列效果，关键在于找出不同字体之间的内在联系，对其不同的对立因素进行和谐的组合，不但要保持各自的个性特征，还要有整体的协调感。对比可以从字体风格、大小、方向、明暗度等方面进行。同时，还要考虑到人们的阅读习惯，根据大众的阅读顺序，满足人们的阅读需求，最后达到广告的目的，如图 2-4 所示。

图 2-4

图 2-4　主次分明的字体设计

（2）文字要清晰醒目。广告设计中文字的编排与设计，既是设计的重点，也是设计的难点。设计必须根据文字信息内容突出重点，通过有效的视觉流程组织编排文字，使主题文字足够清晰明确，引起受众的阅读兴趣。

如图 2-5 所示的例子，广告想表达的内容清晰醒目，让阅览者一看就能明白传递的广告内容是什么。

图 2-5

图 2-5　清晰醒目的字体设计

避免使用不清晰的字体，否则容易引起阅览者的反感，如图 2-6 所示。

图 2-6

图 2-6　不清晰的字体设计

恰当地选择你所需要的字体，不要使用过小的字体，如图 2-7 所示。

图 2-7　不恰当的字体设计

图 2-7

当然经过特别的处理，也可以使用一些本来并不合适的字体。特别需要注意的是把重点内容放在广告的右边，如图 2-8 所示。

图 2-8　重点内容放在右边的字体设计

图 2-8

（3）结合图文版面。文字设计中除了考虑主次分明、文字清晰醒目外，最基本的一点还要考虑适合图文的版面。广告设计中文字和图片排版的关系尤为重要，图文排版的好坏直接影响着广告设计的整体视觉感受。图文并茂的广告更加引人入胜。为使广告版面布局更加美观大方、整洁合理，常常需要对文档中的图形进行编排，修改其位置和尺寸。

版面设计一定要安排好文字和图形之间的交叉错合，既不要影响图形的观看，也不能影响文字的阅览，如图 2-9 所示。

图 2-9　交叉错合的字体设计

图 2-9

文字一定不要全部都顶着画面的边角，这样看起来很局促，如图 2-10 所示。

图 2-10　文字顶着边角的字体设计

另外，最容易忽视的细节是文字和边线没有距离，如图 2-11 所示。文字和边线一定要拉开足够的距离。

图 2-11　文字和边线没有距离的字体设计

图 2-11

2．广告文字编排的形式

文字的编排主要分为以下四种形式。

（1）轴线左侧的排列。每行文字的左边对齐，右边不齐。开头整齐排列，便于读者阅读，是常用的排列方法。

（2）轴线右侧的排列。每行文字的右边对齐，左边不齐。这种排法，适合文字行数较少时使用，否则将不便阅读，影响广告效果，如图 2-12 所示。

图 2-12

图 2-12　轴线右侧排列设计

（3）轴线中间的排列。把文字的轴线中置，每行文字以轴线为中心左右对称，形成绝对对称的文字排列。当广告文字内容比较多时，可增加一条轴线，形成两条轴线的排列方式，如图 2-13 所示。

图 2-13

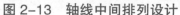

图 2-13　轴线中间排列设计

（4）传统书写形式排列。每行文字既齐左，也齐右，每段文字的开头都要空两格，然后顺次排列，如图 2-14 所示。

图 2-14

图 2-14　传统书写形式排列设计

2.1.3　文字设计实例

字体设计，创意构思是前提，设计草图是基础，效果图制作是关键。下面以一个实例进行介绍。

案例：请同学们利用 Photoshop "选区工具" "渐变工具" "图层样式" 命令完成如图 2-15 所示的 "美术班招生啦" 字体设计。

图 2-15

图 2-15　美术班招生海报广告

设计步骤：

步骤 1   打开 Photoshop CS6，选择"文件">"新建"菜单，在弹出的"新建"对话框中把图像大小设置为 21 厘米 ×29.7 厘米，其他参数设置请参考图 2-16，最后单击"确定"按钮，新建一个图像文件，如图 2-17 所示。

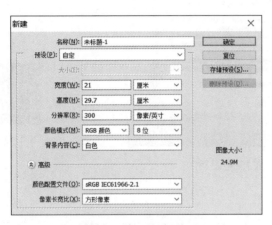

图 2-16   设置参数

图 2-17   新建图像文件

步骤 2   单击"图层"调板右下角的"创建新图层"按钮，创建一个空白的透明层，如图 2-18 所示，新建的图层将自动被设置为当前图层。

步骤 3   选择工具箱中的"矩形选框"工具，在工具属性栏中选择"新选区"按钮，然后在图像上方按住鼠标左键拖动，绘制矩形选区，将前景色设置成为绿色，然后按"Alt+Del"组合键对选区进行填充，再用"Ctrl+T"组合键适当调整角度，形成如图 2-19 所示的效果。

图 2-19

图 2-18   新建图层

图 2-19   矩形选区填充

步骤 4　选择工具箱中的"椭圆选框"工具 ，在工具属性栏中选择"新选区" 按
钮，然后按住"Shift"键的同时在图像上方按住鼠标左键拖动，绘制圆形选区，将前景色设
置成为绿色，然后按"Alt+Del"组合键对选区进行填充，形成如图 2-20 所示的效果。

步骤 5　参考步骤 3、步骤 4，完成广告字体设计，效果如图 2-21 所示。

图 2-20　填充颜色效果

图 2-21　效果图

图 2-20

图 2-21

步骤 6　单击"图层"调板底部的"添加图层样式"按钮 fx，在弹出的列表中选择
"描边"样式，打开"图层样式"对话框，可以看到系统自动选中了"描边"复选框，表示
为当前图层添加该样式，可参考图 2-22 所示设置描边样式的各项参数。

步骤 7　在图层样式对话框中选中"投影"复选框，表示对当前图层应用该样式，可参
考图 2-23 所示设置各项参数。

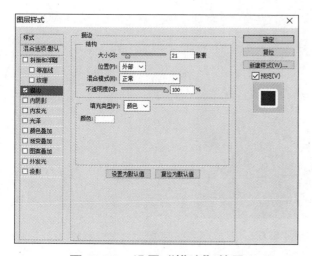

图 2-22　设置"描边"效果

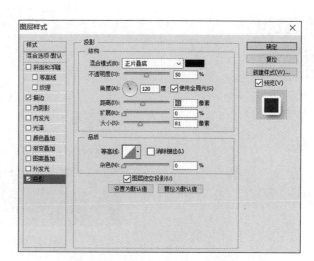

图 2-23　设置"投影"效果

步骤 8   以上参数都设置好后，单击"确定"按钮，得到如图 2-24 所示的艺术字效果。

步骤 9   参考前几步操作，得到如图 2-25 所示的效果。

图 2-24

图 2-25

图 2-24   艺术字效果

图 2-25   完成效果

步骤 10   置入如图 2-26 所示的背景素材。

步骤 11   点击"文件 > 储存为"，即可完成保存，完成本次设计。得到如图 2-15 所示的效果图。

图 2-26   背景素材

 **任务演练**

1. 任务目标

能独立完成广告字体设计。

2. 任务内容

根据上述案例步骤，独立完成"青春学院"的广告字体设计。

3. 任务操作过程

根据上述案例步骤及字体设计，设计出效果图。

4. 任务成果

"青春学院"广告设计效果图（见图 2-27）展示。

图 2-27

图 2-27　"青春学院"广告设计效果图

任务 2.2　策划广告图形

任务导入

总监和客户对小美上次的字体设计非常满意，这对于刚刚步入广告设计岗位的小美来说，是很大的鼓励。为了使小美在设计之路上更快地进步，总监让小美多了解一些广告设计的实例，特别是多接触一下有关广告图形的设计，并给小美介绍了一些关于图形设计方面的知识。

任务分析

通过和总监交谈，小美意识到想要胜任广告设计师的工作，就需要不断地探索和学习。于是小美查找了一些专业书籍，向经验丰富的老设计师们请教，掌握了广告图形设计的准则，了解了在绘制过程中需要注意的问题，掌握了图形设计的方法。

知识储备

2.2.1　图形设计准则

广告设计中不仅包括文字设计，还包括图形设计，好的图形设计不需要文字去解释。

图形（graphics）是一种具有说明意义的视觉符号，是介于文字和绘画艺术之间的视觉语言形式。人们常把图形比喻为"世界语"，图形属于视觉传达艺术，其本质就是传递信息。广告图形是将传达功能与审美理念结合起来的创意表现，如图 2-28 所示。

图 2-28　保护动物广告图形设计

广告图形作为广告信息的载体，在广告信息传达的过程中除具有原创性、关联性、趣味性等特征外，还应该遵循一定的设计准则。

（1）广告图形的设计应该做到主题突出，形式上要简洁明了，避免过于复杂，起到相反的效果。

（2）对于广告图形的设计还应该做到生动形象，讲究创意新颖，同时还应该真实可信、情理交融。

（3）广告图形设计还应该追求情趣化，表现手法上多样性，避免过于单一。

（4）广告图形设计还应和广告文字相呼应，协调一致，保证整体效果。

如图 2-29 所示的反战广告，很好地体现了上述广告图形设计准则。

图 2-29　反战广告图形设计

2.2.2　绘制广告图形

广告图形的绘制过程，是一种运用视觉形象而进行的创造性思维的过程。由于在创意过程中设计者受到各自生活实践和艺术修养的影响，其创意也必然是各具特色的。尽管如此，图形创意仍然存在着共同规律。因此，在创作的方法上，也必然存在着某种共性。

1．广告图形的风格

由于广告类型的多样性，其主题、商品、取材、受众、表现手法等方面的因素各不相同，要求图形的风格也各不相同，从而出现了图形的多种风格，归纳起来大致可分为以下三种类型。

（1）摄影类图形。摄影类图形是现代平面设计中采用最多的图形表现方式，是摄影师以科学的态度去观察客观事物，用先进的艺术设计及现代摄影手段，使图形具有极强的表现力和感染力。摄影类图形通过独特的图形创意来诠释广告设计的内涵，同时融合多种表现手法和尖端的数字制作技术，创造出一个个精彩瞬间的摄影广告图形，如图 2-30 所示。

图 2-30　摄影类图形

（2）绘画类图形。绘画类图形是通过绘制图形的形式来展现广告内容。绘画类图形更加能展现和突出图片自身价值，提升图片的丰富程度。新颖的表现手法使绘画类图形区别于普通图片，带给人们新奇独特的感觉。

（3）装饰类图形。装饰类图形一般采用图形取代文字的部分，讲究意境，有形无像，讲究视觉上的韵律感、节奏感，给人以赏心悦目的美感效果，在造型上强调平面化，减弱或取消形象体积和层次的表现并避免各局部间的重叠，表现富有特征的轮廓外形与上下左右间的平面构成关系，如图 2-31 所示。

图 2-31

图 2-31　装饰类图形设计

2. 广告图形的表现方法

广告图形的表现手法多种多样，主要有以下五种方式。

（1）同构图形。同构图形是指两个或两个以上的图形组合在一起，共同构成一个新的图形，这个新图形不是简单的相加，而是一种突破或超越，形成强烈的视觉冲击力，给观者丰富的心理感受，如图 2-32 所示。

图 2-32　同构图形

（2）正负图形。正负图形是指正形与负形相互借用，造成在一个大图形结构中隐含着其他小图形的情况。一般来说，展现图形必须具备图形和衬托图形的背景两部分，如图 2-33 所示。

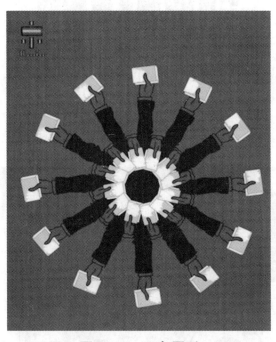

图 2-33　正负图形

（3）矛盾空间图形。矛盾空间是创作者刻意违背透视原理，利用平面的局限性以及视觉的错觉，制造出的实际空间中无法存在的空间形式。在矛盾空间中出现的、同视觉空间毫不相干的矛盾图形，称为矛盾空间图形，如图 2-34 所示。

图 2-34　矛盾空间图形

图 2-34

（4）解构图形。解构图形是指将物象分割、拆解，使其化整为零，再进行重新排列组合，产生新的图形。解构的重点不在于分解，而在于如何选择个性突出的部分并将其重新组合，如图 2-35 所示。

（5）叠加的图形。将两个或多个图形以不同的形式进行叠加处理，产生不同效果，如图 2-36 所示。

图 2-35 解构图形

图 2-36 叠加图形

3. 基本图形元素的联想

基本图形元素的联想可以归纳为点的联想，点的想象表达形式丰富，贴近生活，使人联想起生活中许多类似画面，可以说是基本图形元素中的典范，如图 2-37 所示。

图 2-37

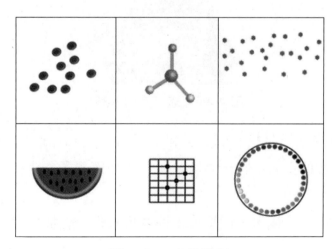

图 2-37 点的联想

2.2.3　图形设计实例

图形的基本设计案例如图 2-38 所示。

图 2-38

图 2-38　图形的基本设计案例

设计步骤：

步骤 1　打开 Photoshop CS6，选择"文件"＞"新建"菜单，在弹出的"新建"对话框中把图像大小设置为 21 厘米 ×29.7 厘米，并将名称改为猫猫，其他参数设置参考图 2-39，最后单击"确定"按钮，新建一个图像文件，如图 2-40 所示。

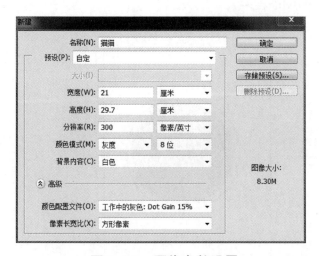

图 2-39　图像参数设置

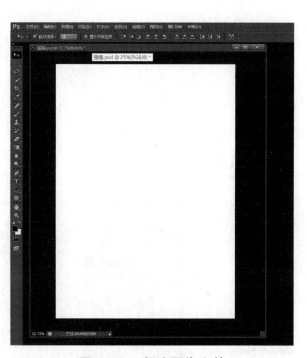

图 2-40　新建图像文件

步骤 2　单击"图层"调板右下角的"创建新图层"按钮█，创建一个空白的透明层，如图 2-41 所示，新建的图层将自动被设置为当前图层。

步骤 3　选择工具箱中的"椭圆选框"工具◯，在工具属性栏中选择"新选区"█按钮，然后在图像上方按住鼠标左键拖动，绘制椭圆选区，将前景色设置成 RGB 数值为（R:

104，G：60，B：17）的咖啡色，然后按 Alt+Del 键对选区进行填充，再用 Ctrl+T 键适当调整角度，得到如图 2-42 所示的效果。

图 2-42

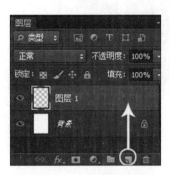

图 2-41　新建图层

图 2-42　椭圆形选区填充

步骤 4　选择工具箱中的"椭圆选框"工具 ，在工具属性栏中选择"新选区" ■ 按钮，然后按住"Shift+Alt"键的同时在图像上方按住鼠标左键拖动，绘制圆形选区，将前景色设置成 RGB 数值为（R：104，G：60，B：17）的咖啡色，然后右击选择描边选项或进行填充，或选择编辑菜单栏激活描边窗口，如图 2-43 所示。得到如图 2-44 所示的效果。

步骤 5　选择多边形工具 ■，将前景色设置成 RGB 数值为（R：224，G：201，B：54）的黄色，参数参考图 2-45 所示，得到如图 2-46 所示的效果。

图 2-43

图 2-44

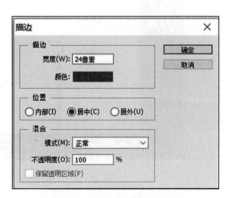

图 2-43　描边设置窗口

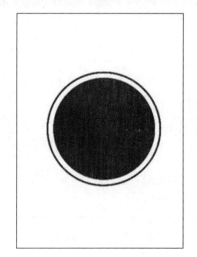

图 2-44　描边效果

步骤 6　再次选择工具箱中的"椭圆选框"工具 ■，在工具属性栏中选择"新选区" ■ 按钮，然后在图像上方按住"Shift"键的同时拖动鼠标左键，绘制圆形选区，将前景

色设置成为 RGB 数值为（R：224，G：201，B：54）的黄色，然后按 "Alt+Del" 键对选区
进行填充，得到如图 2-46 所示的效果。

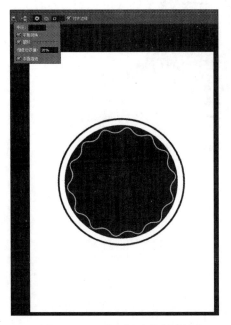
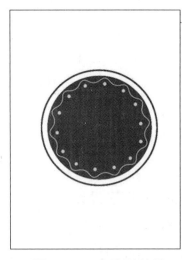

图 2-45

图 2-46

图 2-45　多边形参数设置　　　　　　　图 2-46　多边形效果

步骤 7　选择圆角矩形工具，将半径设置成为 150 像素，填充颜色设置为咖啡色，绘制
结果如图 2-47 所示。

步骤 8　"猫咪咖啡" 字体设计本任务不过多讲解，设计方法参考任务 2.1 案例教学，字
体颜色参考步骤 6，完成后效果如图 2-48 所示。

图 2-47

图 2-48

图 2-47　圆角矩形绘制　　　　　　　图 2-48　完成效果

步骤 9　选择钢笔工具或画笔工具，画出咖啡杯和小猫的图形（也可使用手绘板进行辅
助），完成后最终效果如图 2-49 所示。

图 2-49

图 2-49　"猫咪咖啡"广告图形

任务演练

1．任务目标

能独立完成广告图形设计。

2．任务内容

独立完成以"面面俱到"为主题的广告图形设计。

3．任务操作过程

根据上述案例步骤及图形设计，设计出以"面面俱到"为主题的效果图。

4．任务成果

任务演练效果图展示。

任务 2.3　搭配广告色彩

任务导人

小美在广告公司的工作越来越顺手，她意识到要设计好一则平面广告，除了要设计好广告文字和广告图形，还要搭配好广告色彩。而要想搭配好广告色彩，首先要了解广告色的内涵和色彩的心理效应。

任务分析

如果不了解广告色彩的搭配，就容易造成工作失误。小美找到了有关广告色彩的书籍，学习了相关知识，对色彩的内涵、调和、搭配以及色彩的心理效应有了全面的了解。

知识储备

2.3.1　色彩的内涵

1. 色彩的概念

色彩的感觉是由于光照射到物体后，物体的反光而使人的视觉和大脑产生作用的结果，是一种视知觉。光照射在物体的表面，一部分被吸收，另一部分被反射回来，被反射回的光反映出人们看到的物体的颜色，这个就被称为色彩。

2. 色彩的属性

（1）色相：简单地说就是色彩的颜色，它实际上是指一种颜色在色相环上所占的位置。

（2）明度：指色彩的明亮程度，用来描述一种颜色的深浅程度。

（3）纯度：通常称饱和度，是指一种颜色的鲜艳程度或纯净程度。

在无彩色系中，最亮的是白色，最暗的是黑色。在有彩色系中，有各种色相间的明度变化，如赤、橙、黄、绿、蓝、紫；有同一色相的明度变化，如深绿、中绿、浅绿、粉绿等。明度相同的颜色，在黑白照片中呈现完全相同的灰度。黄色明度最强，而紫色最弱。

3. 色彩调和与色彩搭配

（1）色彩调和。在色彩的属性中，色相比较容易区别，但是明度和纯度则不易区别，所以把明度和纯度放在一起，作为色彩的调子，即色调。色调是色彩作品的总倾向、总特征，是直接传达设计意念的关键，就像论文的中心论点一样，论据、论证均是围绕中心论点展开的，统一在一个调子里。

色彩的主色调是以色相关系为主的调子，如冷调、暖调、红调、绿调等，以及以鲜灰、明暗关系为主的调子，如明灰调、暗色调等。在色彩关系不变的前提下，只改变作品中色块的面积、形状、位置、数量等关系，主色调会发生变化，并可以从中获取意想不到的色彩效果，如图 2-50 所示。

（2）色彩搭配。因为人的眼睛存在着残像现象，所以两种色彩放在一起，会产生相互反衬的对比效应，各自走向自己的极端，比如红色与绿色对比，红色会显得更红，绿色会显得更绿；黑色与白色对比，黑色会显得更黑，白色会显得更白。要产生鲜明、强烈的对比效果，可以利用补色残像原理，使色彩双方互增互补。比如在绿色底上的红紫色、红橙色，红色会显得更鲜艳。当要寻

图 2-50

图 2-50　以黄色为主色调的海报设计

图 2-51

图 2-51　中国年画

求安定、平静的色调时，可以在每种色彩中加入少许的补色，从而降低对比的强度。另外，还可以利用近似明度、色相关系，排除残像效应，同化融合成一组和谐的色彩，如图 2-51 所示。

色相对比是指两种或两种以上色彩因色相差异关系而呈现的色彩对比效果。色相对比的强弱取决于色彩在色相环上的相互角度。色相角度小于 15°：同类色相对比；色相角度 15°～45°：邻近色相对比；色相角度 130°：色相强对比；色相角度 180°：互补色相强对比，如图 2-52、图 2-53 所示。

图 2-52

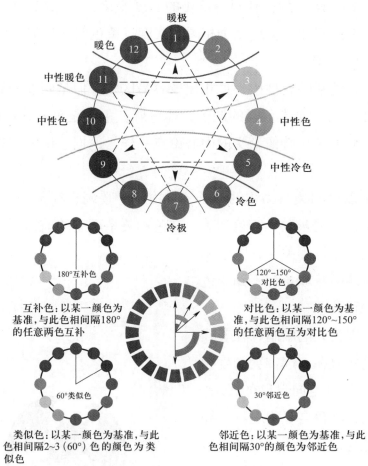

图 2-52　色环

图 2-53 同色系海报设计

（3）明度搭配。明度搭配分为高明度、中明度、低明度及明暗对比。暗色和高亮色搭配，会给人清晰、强烈的刺激，如深黄和亮黄色。如果暗色搭配高纯色，会给人沉着、稳重、深沉的感觉，如深红和大红。中性色与低明度的对比，给人模糊、朦胧、深奥的感觉，如草绿和浅灰。纯色与高亮度色，给人跳跃舞动的感觉，如黄色与白色。纯色与低亮度色，给人轻柔、欢快的感觉，如浅蓝色与白色。纯色与暗色的对比，给人强硬、不可改变的感觉。

同一个灰色块，放在高明度的背景上会显得较暗，放在低明度的背景上就会显得比原来要亮些，效果如图 2-54 所示。

图 2-54

图 2-54 灰色块不同背景下的效果

（4）纯度搭配。纯度搭配分为高纯度、中纯度、低纯度的搭配。纯色之间的对比给人的视觉刺激最强烈，使色彩的效果更明确。例如，红、黄、蓝就是最极端的颜色，这三种颜色之间对比，哪一种色也无法影响对方。而非纯色对比出来的效果就显得很柔和。黄色是夺目的颜色，但是加入灰色就会失去其夺目的光彩，通常可以混入黑、白、灰色来降低纯度。

（5）整体色调。设计作品给观者的感受是由全体配色效果决定的，作品是充满活力或是稳定的，还是寂寞的或温暖的，由整体的色调而定，取决于配色的色相、明度、纯度的关系和色彩面积大小的关系。首先要确定配色中占据最大面积的色彩，这决定了主色调。

（6）面积对比。在色彩的面积对比关系中，如果两种色块同样大小，那么这两种色块之间的对比强烈，如果大小变得不一样，小的一种色块就会成为大的色块的补充，其实人不会注意到小块的色彩，而只会感觉到大色块的存在。

色彩的大小对比会使色彩有一种生动效果，试着想象在一大片绿色中加入一小点红色，那么红色在绿色的衬托下会很抢眼，这就是色彩的大小对比效果的影响，在大面积的色彩陪衬下，小面积的纯色会特别突出，但是如果用较淡的色彩，则会让人感觉不到这种色彩的存在，例如在一大片黄色中加入一小点淡灰色。

2.3.2　色彩的心理效应

色彩给人以刺激，引起一定的生理变化，伴随着产生一定的心理活动。同样，一定的心理活动，也会产生一定的生理变化。科学家的实验证明，和谐美丽的色彩，会使人分泌一种有益于生理健康的物质，使人精神愉快、生机勃勃。

1.　心理感受

面对色彩时，观看者的心理会受到色彩的影响而起变化，这种变化虽然有个体差异，但大多数会有下列心理反应效果：冷暖、轻重、软硬、华丽与朴素、积极与消极等。其实色彩本身是不带任何含义的，只是人的心理感觉把它们分成不同的类别。例如，在夏天把窗帘换成深绿色，就会在心理上感到非常凉快。这并非真实的温度，而只是色彩影响人的心理所产生的感觉。

（1）冷暖。能使人感受到温暖之类的色彩称为暖色，反之则称为冷色。红色能使人联想到太阳或火，有热量感，所以属于或接近红色的色彩都称为暖色。蓝色能使人联想到海洋、天空，有爽快之感，浅蓝色能产生寂寞、冷淡之感，所以属于或接近蓝色的色彩都称为冷色。暖色给人热烈、热情、刺激、膨胀、前进、喜庆等感觉；冷色给人寒冷、清爽、收缩、后退等感觉。色彩的冷暖对比在运用中极其重要。在很多广告设计中，为营造出温馨的气氛，往往采样大面积的暖色来实现。

（2）轻重。黑色和白色属于中性色，它们不易分出冷暖，但有明显的轻重之分。黑色能给人厚重的感觉，白色能给人轻巧的感觉。一般来说，明度不强的色彩都属于重色彩，明度强的色彩都属于轻色彩。

（3）软硬。色彩的软硬感主要取决于色彩的明度和纯度。一般明度高的有柔软感，明度低的有坚硬感；纯度高的有坚硬感，纯度低的有柔软感。

（4）进退。色彩的进退感是色彩对比过程中"显"和"隐"现象使人的感受产生距离上的差异。红、橙、黄等暖色，使人感到近，而蓝、青、紫等冷色，使人感到远；对明度低的色彩感到远，对明度高的色彩感到近；对纯度低的色彩感到远，对纯度高的色彩感到近。

亮色、暖色、纯色（如红、橙、黄暖色系）看起来有逼近之感，称"前进色"。

暗色、冷色、灰色（如青、绿、紫冷色系）有推远之感，称"后退色"。

（5）强弱。色彩的强弱感与色相、纯度、配色对比等有关。色相中，以红色为最强感；纯度高的色彩有强感，纯度低的色彩有弱感；对比度大的色彩有强感，对比度小的色彩有弱感。在无彩色系中，黑色最具强感，白色最具弱感。

（6）胀缩。暖色、明度高的颜色有胀大感；冷色、明度低的颜色有收缩感。在无彩色系中，黑色有收缩感，白色有胀大感。

（7）明快与忧郁。色彩的明快忧郁感与色相、明度、纯度、配色对比均有关。暖色、鲜艳色有明快感，冷色、暗色有忧郁感；明度高的色彩有明快感，明度低的色彩有忧郁感；纯度高的色彩有明快感，纯度低的色彩有忧郁感；配色对比大的有明快感，对比小的有忧郁感。

（8）兴奋与沉静。暖色、明度高的色彩、纯度高的色彩具有兴奋感；冷色、明度和纯度低的色彩具有沉静感。配色对比大的色彩具有兴奋感，配色对比小的色彩具有沉静感。

（9）华丽与朴素。鲜艳、明度高的色彩给人以华丽感，浑浊且深暗的色彩具有朴素感；配色对比大的有华丽感，对比小的有朴素感；有彩色系有华丽感，无彩色系有朴素感。

（10）质感。任何材料的质地是其本身所固有的，不同的质地，通过光和色反映出来作用于人的视觉，使人产生对各种材质的认识，长期的积累，在人脑中形成各种材质色彩的固有概念和联想。例如，看到黄色，可能会想到金子、稻谷；看到白色，可能会联想到棉花、白云、雪；看到黑色，可能会联想到煤等材料的表面质感。

2．色彩的联想

色彩的联想作用虽是属于心理学的问题，然而它的适用性在设计上是很重要的，若不能预测人如何感觉色彩，如何发生作用，就无法有效地活用色彩。由于色彩与人的情绪有着微妙的联系，利用不同的色调设计会给人不同的心理感受。凭着感觉和经验，人们一般这样认为：

红色是一种激奋的色彩，代表热情、奔放、喜悦、庆典，有刺激效果，能使人产生冲动，充满愤怒、热情和活力。

绿色介于冷暖两种色彩之间，代表植物、生命、生机，有和睦、宁静、健康、安全的感觉，它和金黄、淡白搭配，可以产生优雅、舒适的感觉，如图 2-55 所示。

图 2-55

图 2-55　绿色系海报

橙色也是一种激奋的色彩，具有轻快、欢欣、热烈、温馨、时尚的效果，如图 2-56 所示。

图 2-56

图 2-56   橙色系海报

黄色代表高贵、富有，具有快乐、希望、智慧和轻快的个性，它的明度最高。

蓝色代表天空、清爽，是最具凉爽、清新、专业感的色彩。它和白色混合，象征着淡雅、浪漫的气氛（像天空的色彩）。

白色代表纯洁、简单，具有洁白、明快、纯真、清洁的感受。

黑色代表严肃、夜晚、沉着，具有深沉、神秘、寂静、悲哀、压抑的感受。

灰色代表阴暗、消极，具有中庸、平凡、温和、谦让、中立和高雅的感觉。

紫色表征高贵、奢华、优雅、神秘、阴险、阴暗、悲哀等。

有些色彩给人的感觉是双重的，比如黑色有时给人沉默、空虚的感觉，但有时也表示庄严、肃穆。白色也是同样，有时给人无尽的希望，但有时也给人一种恐惧和悲哀的感受。每种色彩在纯度、透明度上略微变化，就会产生不同的感觉。

3．不同国家、民族、年龄层次的人对色彩的理解

不同国家、民族、年龄层次的人往往对色彩有不同的理解。红色对于孩子来讲是喜庆，老年人或许会感到烦躁。因此设计者必须根据使用对象的特点来选择色彩，以尽量符合人们普遍接受的色彩意义。

4．共感联想

共感联想是指色彩视觉引导其他领域的感觉。例如，暗红色引导出低沉嘶哑声的色听联想；浊红色引导出噪声、苦闷嗡嗡声的色听联想；纯黑色引导出沉重、浑厚、幽深的色听联想。因此，有人说音乐是听得见的色彩，如贝多芬的钢琴奏鸣曲《热情》，列宁将它描绘成橙红色的调子。如将双手同时插入同温度的红色水和蓝色水中时，结果被试者感觉温度有所差别，红色水的温度高而蓝色水的温度低，这类情况都是色彩共感联想的结果。

2.3.3 色彩设计实例

广告色彩搭配设计实例（海报）如图 2-57 所示。

图 2-57

图 2-57 广告色彩搭配效果图

设计步骤：

步骤 1 打开 Photoshop CS6，选择"文件">"新建"菜单，在弹出的"新建"对话框中把图像大小设置为 21 厘米 ×29.7 厘米，其他参数设置请参考图 2-58，最后单击"确定"按钮，新建一个图像文件，如图 2-59 所示。

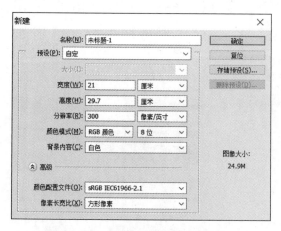

图 2-58 新建图像参数设置

图 2-59 新建图像文件

步骤 2 单击"图层"调板右下角的"创建新图层"按钮 ，创建一个空白的透明层，新建的图层将自动被设置为当前图层。

步骤 3 选择工具箱中的"渐变工具" ，在工具属性栏中选择线性渐变按钮，设置蓝色渐变色RGB数值分别为"R：0 G：86 B：187""R：0 G：124 B：250""R：58 G：175 B：255""R：255 G：255 B：255"，参考图2-60，然后在图像上方按住鼠标左键拖动，完成后效果如图2-61所示。

图 2-60

图 2-61

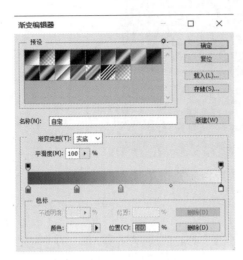

图 2-60 渐变色设置

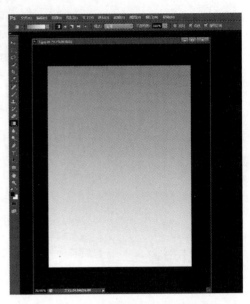

图 2-61 渐变色设置效果

步骤4 重复步骤2，选择工具箱中的"钢笔"工具，在工具属性栏中选择"路径"按钮，分别绘制出雪地的形状，然后按"Ctrl+Enter"键将路径转换为选区工具，再次选择渐变工具，将渐变颜色设置成RGB数值分别为"R：125 G：188 B：240""R：255 G：255 B：255"，参考图2-62；设置成RGB数值分别为"R：150 G：197 B：232""R：70 G：143 B：213""R：255 G：255 B：255"，参考图2-63；设置成RGB数值分别为"R：184 G：214 B：239""R：255 G：255 B：255"，参考图2-64，得到如图2-65所示的效果。

图 2-62

图 2-63

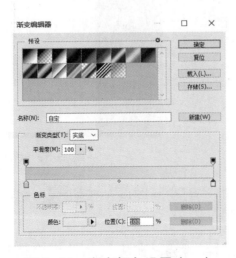

图 2-62 渐变颜色设置（一）

图 2-63 渐变颜色设置（二）

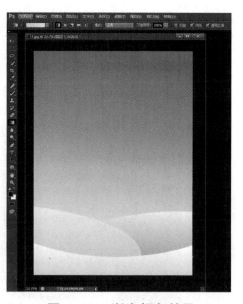

图 2-64

图 2-65

图 2-64 渐变颜色设置（三）　　　　　图 2-65 渐变颜色效果

步骤 5　参考步骤 2、步骤 3，再次选择渐变工具调整渐变颜色为深蓝色渐变，RGB 数值为 "R：3　G：14　B：44""R：20　G：57　B：145""R：3　G：14　B：44"，参考图 2-66。拖动鼠标左键完成操作，效果如图 2-67 所示，并将图层透明度设置成为 80%。

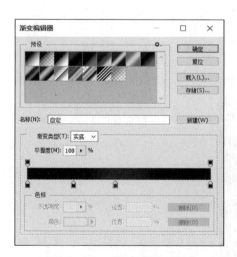

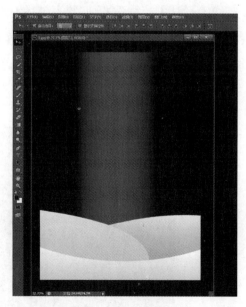

图 2-66

图 2-67

图 2-66 渐变颜色设置　　　　　　图 2-67 渐变颜色设置

步骤 6　选择工具箱中的 "自定形状工具"，如图 2-68 所示，在工具属性栏上选择 "形状" 模式，"填充色" 选白色，"描边" 选无，形状选择 "雪花"，参考如图 2-69 所示，按住 Shift 的同时拖动鼠标左键，绘制雪花形状，并将透明度设置为 30%，选择画笔工具，绘制飘雪的效果，并拖入素材松树，效果如图 2-70 所示。

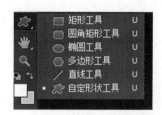

图 2-68 图形工具箱

图 2-69   自定形状工具属性

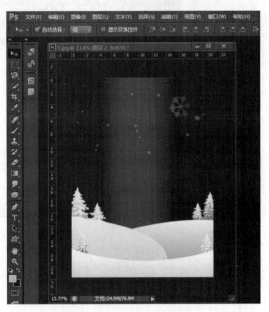

图 2-70

图 2-70   飘雪效果

步骤 7   重复步骤 2 新建图层，选择工具箱中的"椭圆选框"工具 ◎，在工具属性栏中选择"新选区" ■ 按钮，然后在图像上方按住鼠标左键拖动，绘制椭圆选区，编辑菜单栏选择描边工具或点击鼠标右键选择描边，描边宽度为 50 像素，颜色为白色，绘制如图 2-71 所示的效果。

图 2-71

图 2-71   描边效果

　　步骤 8　参考步骤 7 选择工具箱中的椭圆工具，依次设置 RGB 数值。RGB 数值为橙色椭圆 "R：206　G：134　B：62"；新建蓝色圆环，RGB 数值为 "R：45　G：154　B：228"，黄色圆形 RGB 数值为 "R：255　G：213　B：97"，并为它们添加图形样式，单击 "图层" 调板底部的 "添加图层样式" 按钮 fx.，在弹出的列表中选择 "渐变叠加" 样式，打开 "图层样式" 对话框，可以看到系统自动选中了 "渐变叠加" 复选框，表示为当前图层添加该样式，可参考图 2-72 所示设置渐变叠加样式的各项参数。得到如图 2-73 所示的效果。

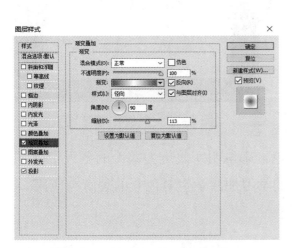

图 2-72

图 2-73

图 2-72　渐变叠加参数设置　　　　　　图 2-73　设置 "渐变叠加" 效果

　　步骤 9　在图层样式对话框中选中 "投影" 复选框，对蓝色圆环加入投影，可参考图 2-74 所示设置各项参数。同样为黄色圆形加入投影，可参考图 2-75 所示设置各项参数，效果如图 2-76 所示。

　　步骤 10　字体设计参考任务 2.1 中相关内容即可，最终效果如图 2-77 所示。

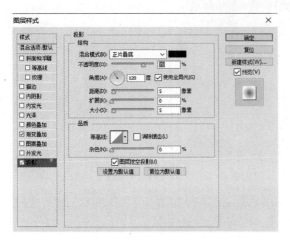

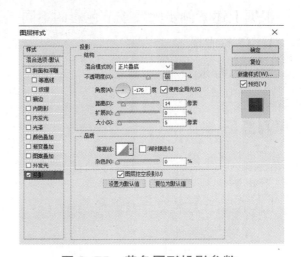

图 2-74　圆环投影参数　　　　　　　　图 2-75　黄色圆形投影参数

图 2-76

图 2-77

图 2-76   投影效果

图 2-77   最终作品效果

本案例主要采用蓝色调来体现寒冬，其次用到橙色，来说明寒假班为寒冷的冬天带来了暖意，并呼应"火热招生中"的广告内容。通过案例的学习加深学生对色彩的理解与应用。

任务演练

1. 任务目标

能独立完成暑假班招生海报设计。

2. 任务内容

独立设计制作暑假班海报。

3. 任务操作过程

根据上述案例步骤及季节色彩的不同，设计制作暑假班海报。

4. 任务成果

暑假班海报展示。

思考与练习

一、单项选择题

1. 不属于文字设计准则的是（   ）。

　　A. 具有个性   B. 具有创造性

　　C. 具有美感   D. 具有随意性

2．广告文字的编排需要注意一定的原则，有主次分明、清晰醒目、（　　　）。

　　A.好看就行　　　　　　　　　　　　B.设计师说了算

　　C.图文结合　　　　　　　　　　　　D.形式美观

3．人们常把图形喻为（　　　）。

　　A.眼睛　　　　　　　　　　　　　　B.广告语

　　C.世界语　　　　　　　　　　　　　D.广告的心脏

4．广告图形的绘制过程，是一种运用视觉形象而进行的（　　　）的过程。

　　A.创造性思维　　　　　　　　　　　B.塑造品牌

　　C.提高效益　　　　　　　　　　　　D.引导观念

5．色彩的三大属性是（　　　）。

　　A.明度、纯度、色调　　　　　　　　B.纯度、色相、色调

　　C.明度、纯度、色相　　　　　　　　D.色相、亮度、饱和度

二、判断题

1．广告文字的编排对视觉效果没有任何影响。　　　　　　　　　　　　（　　　）

2．图形（graphics）可以说是一种具有说明意义的视觉符号，是介于文字和绘画艺术之间的视觉语言形式。　　　　　　　　　　　　　　　　　　　　　　（　　　）

3．广告图形就是为了传达广告内容的视觉形象。　　　　　　　　　　　（　　　）

4．黑色会给人沉着、稳重、深沉的感觉。　　　　　　　　　　　　　　（　　　）

5．色彩的软硬感主要取决于色彩的明度和纯度。　　　　　　　　　　　（　　　）

三、简答题

1．广告文字设计的准则有哪些？

2．广告图形的表现方法有哪些？

3．色彩属性指的是什么？

四、实操题

请对"泉韵音乐吧"进行字体设计、标志图形设计及色彩搭配设计。

参考答案

项目 3　表现广告创意

 **学习目标**

了解广告创意的内涵，理解狭义广告创意与广义广告创意的差异；

掌握广告创意的过程，能利用广告创意过程理论开展广告创意；

掌握广告创意的思维方法，能利用广告创意思维方法对日常广告进行创意分析。

思维导图

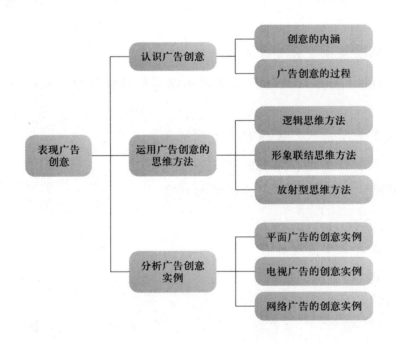

任务 3.1　认识广告创意

 任务导入

小美在广告公司工作非常努力，领导和老员工对她积极的工作态度和超强的学习能力都非常认可。有一天，人事部李经理找到小美对她说："小美，你的工作积极性非常高，现在公司打算重点培养你，从下周开始你将被调入公司创意部实习，按照公司规定，今天你可以提前拜访创意部部长进行岗位咨询。"面对突如其来的工作岗位调动，小美带着忐忑的心情拜访了创意部刘部长。刘部长热情欢迎了小美的加入，并问了小美两个问题：

　　1. 你认为什么是广告创意？

　　2. 创意诞生的过程包含哪几个阶段？

　　小美思考了半天还是比较迷茫。刘部长笑着说："没关系，这周末你先查阅一下资料，等下周一正式报到的时候再告诉我。"小美决定周末到图书馆好好补习一下关于广告创意的知识。

任务分析

　　要想回答刘部长的问题，就需要了解广告创意的内涵，掌握广告创意的过程。小美周末到图书馆，认真阅读了有关广告创意内涵及广告创意过程的各种资料，并对广告内涵和广告创意过程进行了总结分析。

知识储备

　　怎样才能设计出让消费者喜欢而又印象深刻的广告呢？除了设计、制作方面的因素外，广告创意是广告取得成功的重要因素，一个成功的广告首先要有不同凡响的广告创意。正如比尔·盖茨所说："创意犹如原子裂变一样，只需一盎司 ① 就会带来无以计数的商业利益。"

3.1.1　创意的内涵

　　"广告之父"大卫·奥格威（David Ogilvy）指出："要吸引消费者的注意力，同时让他们来买你的产品，非要有很好的点子不可，除非广告有很好的点子，不然它就像在黑夜里航行的一只没有罗盘的轮船，很快就会被黑夜吞噬……"大卫·奥格威所说的"点子"，实际上就是"广告创意"。

　　1. 广告创意的概念和形式

　　（1）广告创意的概念。所谓广告创意，就是广告人对广告创作对象所进行的创造性思维活动，即为实现广告目标，广告人在对市场、产品和目标消费者进行调查分析的基础上，对广告的主题、内容和表现形式进行的创造性的思维活动。

　　（2）广告创意的形式。广告创意有动态和静态之分，还有狭义和广义之分，具体形式区分如表 3-1 所示。

表 3-1　广告创意形式

广告创意形式	内　容
静态广告创意	属于名词状态，包括创造性的广告想法、构思或作品等
动态广告创意	属于动词状态，包括广告创作中所有创造性的思维过程

---

① 1 盎司 =28.349 5 克。

续表

广告创意形式	内　容
狭义广告创意	单纯指广告艺术创作，主要指艺术构思，如广告文稿、画面和拍摄的设计创作，称为"小创意"
广义广告创意	广告中涉及创造性领域的所有问题，如广告策略、广告主题、目标、文稿、图像、版面设计等，称为"大创意"

2．广告创意的内涵

（1）广告创意是一种创造性的思维活动，这是创意的本质特征。

（2）广告创意是广告策略的有效表达，其目的是创造出更有成效的广告，从而充分实现广告目标。

（3）广告创意必须遵循消费者心理原则。

好的广告创意必须以消费者心理为基础，为实现广告目标服务。如果广告主题偏离消费者心理，就不可能达到广告目标。例如，百威啤酒的一个系列电视广告片曾经在 2000 年出尽了风头，赢得了戛纳、克里奥、纽约广告节等大奖，片中表现了四个年轻的非美国人，用怪里怪气的声音打着招呼："哇！"广告播出后反响极大，甚至人们在见面时也彼此说着"哇"。但与此同时，桶装百威啤酒的销售量却下降了 8.3%，市场占有率也下降了 1.5%，这是百威啤酒自 1994 年以来最大的一次市场份额的损失。虽然这个"哇"广告吸引了美国消费者的注意力并获得了多个广告大奖，但是广告中四个"非美国人"及"怪里怪气的哇"引起的是美国消费者的嘲笑，而这种嘲笑给百威啤酒带来了负面影响，从而导致了百威啤酒市场占有率的下滑。

3.1.2　广告创意的过程

广告创意的诞生不仅仅是瞬间的灵感再现，而是长时间素材累积之后的爆发，是多种要素重新提炼之后的优化组合。广告创意是一个特殊的生产过程，前期需要市场资料的充分积累与精准分析，中期需要创意人员的酝酿构思和灵感再现，后期需要创意人员的审核与评估。因此，创意过程可以划分为五个阶段，即收集资料阶段、分析资料阶段、酝酿构思阶段、创意产生阶段和评估完善阶段。

1．收集资料阶段

广告创意是对原有旧元素的重新组合与优化，那么原有旧元素从何而来呢？当然是来源于原始资料的收集和积累。广告创意不仅仅是简单的闭门造车，创意的产生必须经过长时间且足够多的前期积累，积累越丰富、越全面，思想碰撞产生的火花才会越多，才会越璀璨明亮。

因此，成功的创意一定是以缜密的调查和严谨的分析为基础的。收集资料阶段作为创意过程的第一个阶段，具有至关重要的作用。这一阶段的工作重心是为广告创意收集整理企业相关的信息资料，主要包括企业资料、产品资料、消费者资料、竞争者资料，市场资料和一般广告资料等（见表 3-2）。

表 3-2 收集资料一览表

资料类型	收集资料具体内容
企业资料	公司基本概况
产品资料	产品类别、结构、规格、价格、质量、使用价值、包装等信息
消费者资料	消费者性别、年龄、民族、收入、生活习惯、区域、国家、消费特征、消费心理、消费行为等信息
竞争者资料	竞争者的市场占有率、产品策略、价格策略、包装策略、促销策略、渠道策略等信息
市场资料	市场基本竞争状况分析、市场特点、价格走势、消费状况等信息
一般广告资料	基本广告知识、成功或失败广告案例等信息

2. 分析资料阶段

在对原有旧元素的聚集、积累、重新组合后，就需要对旧元素进行客观准确的分析消化。因此，分析资料是解决问题的前提，只有对获得的资料进行精细归纳、整理和有效分析，才能找出商品最吸引消费者的广告诉求点。

这一阶段的工作重心是分析资料的有用性，找出广告产品的特色以及与同类产品相比的优势，并从市场现状、竞争者、消费者及广告市场现状等方面进行具体分析（见表 3-3）。

表 3-3 产品分析一览表

资料类型	分析资料具体内容
产品特征	与相似产品相比，产品最突出的特征是什么？
产品性能优点	与相似产品相比，产品性能上的优点有哪些？
产品性能缺点	与相似产品相比，产品性能上的缺点有哪些？
产品相同点	与相似产品相比，产品相同点有哪些？
产品使用价值	消费者有哪些重要的需求偏好？
产品竞争力	与相似产品相比，产品核心竞争力有哪些？
消费者需求偏好	近期消费者需求偏好走向如何？
竞争者广告现状	竞争者广告的优势与劣势有哪些？

资料类型	分析资料具体内容
市场现状	相似产品市场环境的相同点和不同点有哪些？
广告市场现状	现有阶段市场广告的基本现状及未来发展趋势是什么？

3．酝酿构思阶段

创意毕竟是一种与众不同的"生产"过程，它不可能就像组装汽车一样按部就班。创意的灵感往往在你最渴望的时候无影无踪，而在你一筹莫展的时候却突然灵光闪现。正所谓"山重水复疑无路，柳暗花明又一村"，柳暗花明需要创作者不断地在山水间仔细寻找，而灵感呈现的瞬间更需要经过漫长的酝酿构思过程。

酝酿构思是广告创意的潜伏阶段，是创意的攻坚时期，思维活动处于异常活跃的状态。广告策划员会根据产品的特征信息进行缜密思考分析，再综合运用各种素材把积极的形象、语言、片段等在脑海中进行各种排列组合，最后思考何种创意更有利于商品优点的彰显，何种表现形式和手段更利于完整、精准、有效地传达信息。这个阶段创意小组成员需要经过多次激烈讨论，采用发散性思维对收集到的资料进行碰撞性优化组合与反复推理。

4．创意产生阶段

创意产生阶段就是灵感乍现阶段，这个时期是经过长期酝酿之后，创造性思维如同柳暗花明似的豁然开朗。它常以"突发式"的领悟、"偶然性"的获得、"无中生有式"的闪现、"戏剧性"的巧遇为表现形式。

广告的创意灵感是在广告创意过程中由于思想高度集中、情绪饱满、思虑成熟而迸发的一种特殊创造能力，是创造经验、创造欲望、创造技巧和诱发情景的综合产物。因此，这一阶段是一个独特的再创造过程，也是一个优化原创意乃至发现新创意的过程。

5．评估完善阶段

前一阶段由于灵感生成的创意较多，或是创意中存在一些不合理的因素，因此，所有新生创意产生之后还必须经历一个"寒冬"的考验。

广告策划员必须将所有新生的创意带到现实广告世界中，并认真仔细地审核所有创意灵感是否可行、是否能够顺利实施、是否能够带来完美效果，这时候往往会发现新生创意并不像诞生时的那般奇妙和完美。因此，评估完善阶段就是检验论证、发展完善广告创意的阶段，这一阶段的重心是审核创意的可行性、可实施性及成效性。成功的创意必须能经受得住现实市场和消费者的评估考验，并在考验中不断发展完善，最后决定最优或最合适的灵感作为广告活动的核心内容。此阶段必须回答以下四个问题：

（1）创意灵感是否可行？

（2）创意灵感是否具有特色？

（3）创意灵感是否适用于广告目标群体？

（4）创意灵感是否符合绝大多数消费者的需求偏好？

任务演练

1．任务目标

能让学生利用广告创意过程理论，完成实体商品的广告创意方案。

2．任务内容

结合以下商品，谈谈你对创意的认识，并根据所学广告创意过程，进行洛川苹果的广告创意。

陕西洛川，人称"苹果之乡"，于 2019 年 11 月 15 日入选中国农业品牌目录。洛川苹果具有品质优良、果形优美、个大均匀、果面洁净、色泽鲜艳、肉质脆密、含糖量高、香甜可口、耐贮藏等特点。在陕西省和国家组织的历届苹果评比中，洛川苹果质量均名列前茅。1974 年，在全国苹果品种鉴定会议上，其总分高于美国蛇果而驰名海外。1991 年荣获国家科委"七五"星火博展会银质奖。1994 年，洛川红富士荣获中国首届杨凌农产品博览会金像奖。1995 年 10 月，在中国第二届农产品博览会上，洛川苹果一举夺冠，获得 13 金 7 银 1 铜而震惊中外。

陕西洛川日照充足，紫外线强烈，昼夜温差大，空气湿度低，土壤通透性强，病虫害少，因而苹果果实颜色鲜艳，含糖量高，香味浓厚，口感脆密，耐储存，具有特殊的商品价值和经济价值。

3．任务操作过程

请将任务操作过程填入表 3-4 中。

表 3-4　广告创意过程

收集资料阶段	
分析资料阶段	
酝酿构思阶段	
产生创意阶段	
评估完善阶段	

4．任务成果

请将任务成果填入表 3-5 中。

表 3-5　洛川苹果广告创意

创意产品	
创意主题	
创意成果	

任务 3.2　运用广告创意的思维方法

任务导入

小美通过图书馆查阅广告创意知识，完美回答了刘部长的问题。刘部长对小美的回答非常满意，特意安排小美到广告创意部展览室参观，并让小美针对每个广告谈一谈对广告创意思维的认识。你能帮助小美去完成此项任务吗？

任务分析

小美想要顺利完成此项工作任务，不但要了解广告创意不同的思维方式及其特点，也必须掌握不同思维方式下的广告创意表现手法。

知识储备

广告创意是广告人高度智慧的结晶，是一种创造性的思维活动。追求新颖独特和别具一格的思维是优秀创意诞生的基石。广告创意思维从单一思维发展到当前的多元化思维，对广告创意提出了更高的要求。只有把握广告创意中基本思维形式和思维方法，才有可能设计出具有鲜明时代特色的优秀广告作品。广告创意的思维方法主要包括以下三种：逻辑思维方法、形象联结思维方法和放射性思维方法。

3.2.1　逻辑思维方法

逻辑思维即抽象思维，又称理性思维，它是借助概念、判断、推理等抽象形式来反映现象的一种概括性、论证性的思维活动。例如，甲比乙高，乙比丙高，那么甲一定比丙高，这就是运用概念进行逻辑推理得出来的判断。

逻辑思维是思维发展的高级阶段，是人类思维的核心形态，是"由此及彼，由表及里"的再创造过程，是从个别现象入手，总结出一般共同属性的本质性规律的思维方式。逻辑思维方式贯穿于广告运作的全过程，在收集资料和分析资料阶段，要运用逻辑思维进行分析、综合、归纳、演绎、比较及推理。在酝酿、产生创意及评估完善阶段需要借助逻辑思维进行思考、推理、论证、抉择及评估。

逻辑思维主要包括归纳与演绎、分析与综合、抽象与概括三种形式。

1．归纳与演绎

归纳是从多个个别的事物中获得普遍的规则。比如黑马、白马，可以归纳为马。演绎与归纳相反，演绎是从普遍性规则推导出个别性规则。比如马可以演绎为黑马、白马等。例如，百威啤酒广告词为："始终如一的卓越品质是百威的标志，无论在世界任何地方酿制的百威啤酒都能保证同样清澈、清醇、清爽的绝佳口感。"百威啤酒通过"世界任何地方酿制的啤酒都具有绝佳口感"的普遍性规则，让世界上各个地方的消费者相信，自己拿到的百威啤酒具有绝佳口感，是演绎法的经典应用。

此外，明星代言也是演绎法的直接表现，通过明星效应，使人们认为商品的功能和特性同样适合自己。

案例拓展

超能洗衣液与星飞帆奶粉广告——归纳与演绎

超能洗衣液通过明星宣言"没有你应该，只有我应该，我应该坚持自己，我应该活出天然本色"，成功地激发了女性消费者的自强自立情感，让消费者认同了该产品理念，并将自己也归纳到超能女人的队伍。该广告采用归纳演绎的方法通过明星效应，成功地将产品理念传递给了消费群体。

星飞帆奶粉选用广告语"万千妈妈之选，最适合中国宝宝的奶粉"（见图 3-1）。"万千妈妈之选"通过千万个妈妈的选择归纳出妈妈们的心声；通过"中国宝宝的奶粉"演绎到每一个中国宝宝。该广告成功采用归纳演绎思维方法对奶粉的选购群体及使用群体进行了有效宣传，提升了产品的品牌度和消费群体的信任度。

图 3-1　星飞帆广告

2. 分析与综合

分析是把事物分解为各个部分、侧面、属性，分别加以研究，是认识事物整体的必要阶段。综合是把事物各个部分、侧面、属性按内在联系有机地统一为整体，以掌握事物的本质和规律。

分析与综合是互相渗透和转化的，在分析基础上综合，在综合指导下分析。分析与综合，循环往复，推动认识的深化和发展。一切论断都是分析与综合的结果。

案例拓展

金纺 "7 合 1" 广告——分析与综合

从 1993 年至今，金纺在我国衣物护理市场保持市场份额中的领导地位，广告起到了至关重要的作用。

金纺 "7 合 1" 广告中具体分析了产品柔软舒适、气味芬芳、去除静电、亮丽如新、不易变形、平整服帖、中和碱性残留七大功效，并通过圆弧的形状将七大功效综合到金纺衣物护理剂一种产品中（见图 3-2）。广告左下部通过三张具体衣服照片将柔顺清新、不易变形、亮丽如新三种功效进行了实例分析说明，加深了消费者对产品功效的认知度。该广告成功地采用分析与综合的思维方法将产品功效进行了有效宣传，大大激发了消费者的购买欲望。

图 3-2　金纺 "7 合 1" 广告

3. 抽象与概括

抽象是从众多的事物中抽取出共同的、本质性的特征，而舍弃其非本质的特征。具体地说，科学抽象就是人们在实践的基础上，对丰富的感性材料通过"去粗取精、去伪存真、由此及彼、由表及里"的加工制作，形成概念、判断、推理等思维形式，以反映事物的本质和规律。

概括是形成概念的一种思维过程和方法，即把从具有某些相同属性的事物中抽取出来的本质属性，推广到具有这些属性的一切事物，从而形成关于这类事物的普遍概念。概括是科学发现的重要方法，因为概括是由较小范围的认识上升到较大范围的认识，是由某一领域的认识推广到另一领域的认识。

· 案例拓展 ·

康师傅方便面广告——抽象与概括

康师傅香辣牛肉面广告中的主体图片是一大碗热气腾腾、香喷喷的方便面，面条上端铺满了诱人的大片牛肉、金黄鸡蛋和美味香菇（见图 3-3）。广告中将消费者喜欢的面条的共同特征进行了抽象概括，总结出消费者对面条的共同喜好特征是丰富又营养。为了突出这一主题，广告将蛋、肉、菇的图片展现在消费者面前，大大激发了消费者的食用欲望。

图 3-3　康师傅香辣牛肉面广告

今麦郎"上品"卤蛋红烧牛肉面广告中的主体图片是葛优左手端着一碗已经冲泡好的方便面，右手夹着一个棕黄色的卤蛋，广告的宣传语是"新一代的桶面，有料，高一年级的味道"及"今麦郎弹面"。该广告也是将大众喜欢面条的共同特征进行了抽象和概括，总结出消费者对面条的共同喜好特征是"多料"及"弹面"。

3.2.2　形象联结思维方法

形象联结思维就是思维主体为实现一定的认知目的，通过对感官所获得的形象信息进行想象、联想，借以图像、音调和动作等形象符号的整合，创造出富有代表性的新事物、新形象的一种信息加工方式。形象联结思维具有生动性、真实性和直观性。比如阿基米德看见洗澡水溢出澡盆而想出检验王冠是否纯金制作的办法，牛顿看到苹果落地发现了万有引力，这些都是形象联结思维作用的结果。形象联结思维包括想象思维和联想思维两种形式。

1．想象思维

想象思维是指思维主体在大脑意识作用下，通过对感性经验、原有表象的加工改造、重新组合而创造出新事物、新形象的一种思维方法。爱因斯坦曾说，想象力比知识更重要，因为知识是有限的，而想象力是无限的。

想象在形象思维中发挥着极其重要的作用。创造想象是在一定的目的依据下，设想出与此相关的，具有创新意义的想法或形状；空间想象是把平面的东西转换想象为立体的东西，使其具有空间感；再造想象就是把文字描述的、抽象的东西想象成图形的、具体的东西。另外幻想也是一种想象，是超前的想象，想象的内容属于未来活动，其属于创造想象。

· 案例拓展 ·

M&M's巧克力广告——想象思维

在广告中，广告策划者将M&M's巧克力豆想象成为可爱的卡通宝宝，五彩缤纷的外衣、夸张的五官让消费者印象深刻（见图3-4），赋予了巧克力活跃的生命力和欢乐感。

五彩薄脆糖衣包裹、性格鲜明的M&M's卡通形象一直沿用至今，成为人们心中妙趣挡不住的诱人巧克力，向人们传递了色彩缤纷的巧克力乐趣。

图3-4　M&M's巧克力广告

2．联想思维

联想就是把两个或者几个不同的事物联结起来思考的创新思维方法。联想是广告创意中的黏合剂，通过联想可以发现无生命物体的象征意义，可以寻到抽象概念的具象体现，从而使信息具有更强的刺激性、冲击性及更高的收益率。

联想是对经济和社会发展贡献最大的创新思维方法，几乎所有多功能的产品都是联想思维的产物。例如，具有照相、摄像、上网功能的手机，水陆两栖坦克，收、录、放三用机，水上飞机等等。"将铅笔与橡皮擦连成一体"的联结思维为它的发明者带来了 1 000 万美元的专利收入。"将电脑和游戏结合在一起"的电子游戏机的专利价值是 1 亿美元。

联想具有以下四种类型。

（1）接近联想：是指由一事物想到它在时间或空间上接近的另一事物的过程。例如：我们看到水，通过接近联想，就可以联想到鱼，水和鱼是相接近的事物，水中有鱼，鱼离不开水。

案例拓展

飞鹤奶粉广告——接近联想

飞鹤奶粉一直专注于中国宝宝体质和母乳营养研究，潜心打造"更新鲜、更适合"的高品质奶粉。为了突出产品特征，广告通过接近联想，将奶粉与其生产者奶牛的生长环境绿色草原融合在一起（见图 3-5），通过强烈的视觉冲击让消费者深深感受到了奶粉的绿色、新鲜、天然产品特质，从而成功唤起了消费者的购买欲望。

图 3-5　飞鹤奶粉广告

（2）相似联想：是指由一事物想到与它的性质或特征具有相似性的另一事物的过程。例如，我们看到了鱼，通过相似联想，就可以联想到虾，鱼和虾是相似的事物。

可口可乐和飘柔洗发水广告——相似联想

早在1922年，可口可乐就将北极熊放到了印刷广告中，直到1993年又将北极熊放到可口可乐电视广告中（见图3-6）。可口可乐给消费者塑造的是口感凉爽的感觉，正好与北极熊寒冷的生存环境相契合，从而让消费者感受到可口可乐的冰爽。

飘柔洗发水广告中，一对温馨的母女置身于天然山林间享受着鲜花的清新芬芳。耀眼的阳光洒满山林，小女孩微微仰头，闭着眼睛陶醉在妈妈柔顺的秀发中。母女俩灿烂的笑容，让看到广告的受众感受到了柔顺的秀发和清新的芬芳，成功突出了飘柔洗发水柔顺和长效清新的功效。该广告成功地利用飘柔洗发水和山林花香清新的相似特征将广告主题凸显得淋漓尽致。

图3-6　可口可乐广告

（3）对比联想：是指由一事物想到与它的性质或特征具有相反性的另一事物的过程。例如，我们看到大山巍峨，通过对比联想，就可以想到小山连绵，大山和小山是相对应的事物。

斯柯达速派与奔驰smart广告——对比联想

斯柯达速派平稳驾驶广告完美地采用了对比联想。风雨交加的一天，一个可爱的小男孩在汽车中玩多米诺骨牌，从虚化的背景可以看出车辆在急速行驶中，而车窗边的多米诺骨牌却稳稳当当立在车窗边缘。该广告将急速行驶的汽车与稳稳当当的多米诺骨牌进行对比，让消费者更加感受到斯柯达速派汽车的平稳与舒适。

奔驰smart的广告中，周围是破旧的工厂矗立在荒僻的郊外，黑色滚滚的巨大浓烟源源不断地飘向灰色的天空。这时，在广告画面的左下方出现了奔驰smart雨刷的半扇窗口，在汽车雨刷器的顺时针冲刷下展现出一片蓝天白云、一条宽阔的柏油路和一路绿色的田园风景，让人眼前一亮，心情顿时愉悦起来（见图 3-7）。右上部黑色腾起的黑烟和黯淡的天空与左下部清新自然的空间形成鲜明的对比，更让人认识到新能源汽车给环保带来的那一抹清新。

图 3-7　奔驰 smart 广告

（4）关系联想：是指由一事物联想到与它性质或特征具有各种关系的另一事物的过程。例如，洗衣服自然想到需要使用水，看到碗筷自然想到饭菜，看到葡萄酒自然想到葡萄。

—— 案例拓展 ——

波尔多红酒广告——关系联想

波尔多红酒广告中采用了关系联想，在一片绿色的葡萄园中间摆放着一瓶完整包装的葡萄酒和一杯已经倒入高脚酒杯的葡萄酒，让人心旷神怡，禁不住想在这美好的天然环境中端起酒杯品尝一口，深深品味那葡萄酒的香醇。

广告中为了突出葡萄酒的纯正、天然及口感细致，引入大片的葡萄庄园及大串晶莹剔透的葡萄（见图 3-8），让消费者看到广告后仿佛置身于天然葡萄园，从而让消费者深深感受到葡萄酒的纯正与天然。

图 3-8　波尔多红酒广告

3.2.3　放射性思维方法

放射性思维又称发散思维，就是从一个点向四周辐射的创新思维方法。它表现为思维视野广阔，思维呈现出多维发散状，如"一题多解""一事多写""一物多用"等方式。在广告创意中，发散思维指的是创意人对主题可以由一点向四面八方展开想象，充分运用丰富的想象力，运用所有的知识、信息和观念等在大脑中预存的素材，重新优化排列组合，发掘亮点，直至创造出更为独特的好创意。广告创意常采用思维导图进行发散思维，思维导图是放射性思维的自然表达，是一种非常有效的图形方法，是打开创意者思路、挖掘灵感潜能的金钥匙。如图3-9所示。

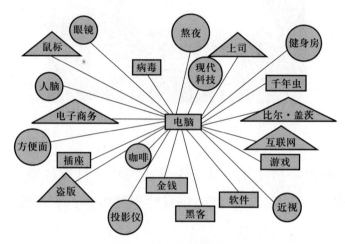

图 3-9　电脑发散思维导图

（注：方块为垂直性思维的效果；三角形为水平性思维的效果；圆形为放射性思维的效果。）

— **案例拓展** —

奥迪广告——发散思维

奥迪的某一广告中采用发散思维将婚姻和奥迪车标相联系，使用"两个圈"代表婚姻，而奥迪的"四个圈"代表能牢牢锁住婚姻的爱情（见图3-10）。通过人们对稳定婚姻和美好爱情的向往触动消费者，加深了消费者对奥迪品牌的忠诚度。

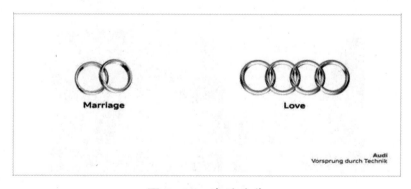

图 3-10　奥迪广告

任务演练

1. 任务目标

能利用广告创意思维方法进行广告创意分析。

2. 任务内容

让学生自己总结广告创意的思维方法，完成思维导图，并以"洗发水"为主题进行放射性思维训练，最后通过思维导图的形式进行展现。

3. 任务操作过程

（1）总结广告创意的思维方法，完成下面的思维导图。

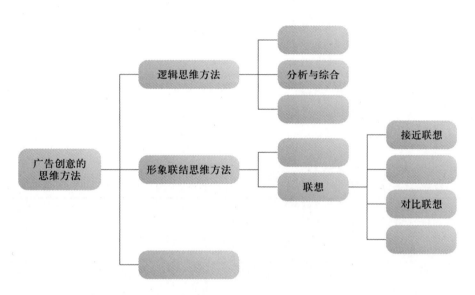

（2）图 3-11 是芬达汽水广告，请结合广告创意的思维方法进行分析，该广告具体采用了哪些思维方法。

图 3-11　芬达广告

_____

_____

_____

（3）你认为最经典的洗发水广告是什么？你觉得该广告采用了哪些创意思维方法？

_____

_____

_____

4. 任务成果

洗发水广告创意思维导图

任务 3.3　分析广告创意实例

任务导入

　　小美在创新广告创意部实习收获很大。有一天，两个客户找到小美咨询，其中一个客户问道："你认为我们公司采取哪种广告比较好呢？是平面广告、电视广告，还是网络广告呢？"另一个客户接着问道："你能帮我们介绍几种成功的广告创意案例吗？"

任务分析

　　小美要回答好两个客户的问题，就需要熟悉平面广告、电视广告和网络广告的特点和实例，并能对成功与失败的广告创意进行总结分析，最后再给客户提出合理的建议。

知识储备

3.3.1　平面广告的创意实例

平面广告传达信息简洁明了，能瞬间扣住人心，表达形式多样化，包括报纸广告、杂志广告、户外广告、POP广告等。优秀的平面广告创意特点可归纳为如下三个方面：一是具有强大的视觉冲击力；二是具有明确的广告诉求；三是形、意的和谐统一。

1. 案例——麦当劳户外广告创意分析

优秀的广告创意被视为经典户外广告的制胜关键之一。麦当劳结合不同的地区文化在不同的国家进行了差异性的广告创意。

（1）在芝加哥，麦当劳曾做过"日晷"的创意广告，广告图中设了一个时钟，每一个小时数字上都放了一个麦当劳食品（见图3-12），这不但深化了消费者对麦当劳多样化食品的认知，也提醒着消费者时时刻刻都可以到麦当劳点餐，从而成功地宣传了麦当劳24小时营业给消费者带来的方便。当时这个广告达到了良好的宣传效果，大大提高了芝加哥麦当劳的营业额。

图 3-12　麦当劳"日晷"广告

（2）在英国，麦当劳曾根据英国人喜欢聊天气的特点专门制作了天气预报户外广告。在广告中，用汉堡来代替太阳，用抹着番茄酱的薯条代替温度计，用倾斜的薯条代替下雨（见图3-13），且天气状况是根据Met Office实时数据来更新，在该数字广告牌上，所有的天气传统图标统统都被麦当劳的菜单所取代。广告中通过联想将不同天气与麦当劳的不同产品进行关联，让受众感受到不同的天气都能享受麦当劳美食，也传递了一年365天、一天24小时，无论天气如何变化，麦当劳永远都在的产品理念。

图 3-13　麦当劳"天气预报"广告

2. 案例——雀巢咖啡优秀平面广告创意案例分析

作为最早一批进入中国的全球品牌，雀巢咖啡凭借其独特的广告创意，将风靡全球的咖啡文化带入中国，为中国消费者提供了新的生活方式和灵感之源。

下面针对雀巢"欢迎光临"（见图 3-14）、"别拦着我"（见图 3-15）两个平面广告进行广告创意分析。

图 3-14　雀巢"欢迎光临"广告

图 3-15　雀巢"别拦着我"广告

此系列广告故事创意独树一帜。广告在画面中采用了同一种元素：一杯香气四溢的雀巢咖啡。在"欢迎光临篇"中引来了窗外绿意盎然的藤蔓，生机勃勃的藤蔓穿越坚硬的岩石向着咖啡前进。"别拦着我"篇中引来了灵动的金鱼，金鱼迫不及待地想要冲破鱼缸的羁绊游向那杯香气四溢的咖啡。这些幽默诙谐的元素重新组合在一起，虽然有些夸张，但也恰如其分地表达了雀巢咖啡的醇香诱人，非常契合雀巢咖啡广告主题。

3.3.2　电视广告的创意实例

电视广告是一种说服的艺术，它通过图像、人声、音乐、文字等要素的组合，以情节、情绪等方式进行表现。广告创意是有其规则的，电视广告因为介质的特殊性，因此在创意上有其独特的一面，主要涉及了想象中的比喻、寓意、比附、夸张以及联想等。

1. 案例——百年润发电视广告创意实例分析

改革开放以来，中国广告取得了令世人瞩目的成就，在数不胜数的广告中，百年润发"青丝秀发，缘系百年"电视广告品牌形象的独特定位，商业性和文化气息的完美结合堪称具有中国特色的经典之作。

百年润发广告创意以爱情故事为主线展开，在京剧的音乐背景下，百年润发广告篇向观众讲述了一个青梅竹马、白头偕老的爱情故事，男女主人公的相识、相恋、离别、相聚都融进了女主人公的头发中。广告创意融入了中国文化内涵，在中国历史上头发本身具有深刻的文化寓意。广告中男主人公一往情深地给发妻洗头的镜头展现了夫妻间结发同心、白头偕老的情愫。该广告将一对普通中国夫妻从青丝到白发、一生恩爱的经历都融入了"百年润发"中，符合中国消费者的情感和思维方式。

广告语"青丝秀发，缘系百年"不仅是对美好爱情的期盼，也展现出企业树立百年品牌的决心。"百年"的时间概念将品牌悠远的历史表露无遗，增加了品牌的时间厚重感。"润发"则将品牌的产品属性以及品类特点很好地体现出来，一语中的。百年与润发联合在一起，品牌名字与传递的品牌信息和产品属性准确而生动，让周润发当形象代言人更是神来之笔，让人过目不忘。

百年润发的创意是新颖独特的，广告别具心裁地融入了中国传统古典文化元素，通过铿锵的锣鼓、幽婉的二胡、唯美的画面将京剧等国粹艺术结合起来，散发着浓郁的中国味道，唤起了消费者浓浓的思念情怀，是对中国传统文化的继承和弘扬。

2．案例——飘柔洗发水电视广告创意实例分析

飘柔洗发水电视广告向观众展示了一个简单唯美让人印象深刻的爱情邂逅故事，在故事中男女主人公在公交车上相遇，在两人擦肩而过的那一瞬间，女主人公黑色飘逸柔顺的长发飘扬在空中，轻轻地从男主人公的指缝间滑过，男主人公蓦然转身望着指尖上的发丝，露出了惊讶的微笑。当公交车开动后，男主人公转身奋力追向公交车，追到公交车停靠的下一站，男主人公上车来到女生面前，摊开手掌，露出一枚从女主角柔顺长发上滑落而下的黑色发卡。在看到自己的发卡后，女主人公露出了灿烂的笑容。

从广告创意主题上来看，飘柔广告别具匠心地把爱情这一亘古不变的永恒感情因素融入产品广告中，极大地引发了消费者的共鸣。从广告创意定位来看，美丽秀发的标准永远是柔亮顺滑，飘柔紧紧抓住了秀发的特质，将飘柔的品牌特征定位为"柔顺"。为了突出这一品牌特征，广告选定了一位拥有柔顺长发、颇具东方气质的女主人公。在广告中，为了突出女主人公的柔顺长发，专门利用一组特写镜头来对其秀发进行特写，并在秀发轻轻滑过男主人公手心时配以画外音"非一般的柔顺，触发非一般的心动"。简单唯美的台词将秀发和爱情紧紧地联系在一起，不但凸显了唯美的爱情，而且成功地将飘柔洗发水柔顺的定位体现得淋漓尽致。在广告结束时，以一句"柔顺一触难舍，一触瞬间心动"再一次突出飘柔产品定位及爱情理念，成功树立了飘柔柔顺的品牌形象。

3.3.3　网络广告的创意实例

网络广告基于多媒体、超文本格式文件，图、文、声、像并茂，有强烈的感官性。受众对感兴趣的产品，轻按鼠标就能进一步得到更多、更详细、更生动的信息，使消费者如身临其境，可亲身体验产品、服务与品牌价值。

1．案例——一汽大众网络广告创意分析

目前汽车市场竞争日趋激烈，因此汽车网络营销作为一种全新的销售模式应运而生，汽车网络广告也成为众多汽车公司营销的主流模式。下面以一汽大众网络广告为例进行分析

（见图 3-16）。

图 3-16 一汽大众网络广告

在媒体选择上，一汽大众网络营销媒体选用的是腾讯 QQ 自弹式资讯面板这一载体。腾讯 QQ 不但具有较高的点击率，而且具有超强的关注度，对于品牌宣传具有很强的推波助澜作用。

在广告形式上，一汽大众网络营销形式是弹出式广告。在网络营销过程中，腾讯网巨大的信息量和快速的刷新率，让受众群体很难在海量的数据信息中关注到一汽大众广告信息。因此，一汽大众选择了展现量非常突出的弹窗式广告，这样不但能让一汽大众的广告信息在众多信息中凸显出来，而且能第一时间快速吸引浏览者的注意力。弹出式广告具有很强的视觉冲击力、较广的受众范围、较低的成本，并且还具有时效性强、速度快、不受时空限制等优点，是一种非常好的网络营销模式。

在广告创意上，一汽大众网络广告选用的是以黑、银、灰颜色为主体色的汽车平面图片，通过深浅颜色的完美搭配，给受众勾画出全新迈腾 V6 旗舰版的立体视觉形象。画面中立体形象的汽车图片不但有着低调的奢华气质，也让受众感受到了其浑然天成的汽车质感，更成功突显出了全新一汽大众汽车璀璨上市的亮点。广告语"智臻成就　辉映人生"成功地将人生成就与汽车相关联，给消费者带来了视觉冲击力和心理冲击感，满足了消费者渴望成功的心理。

在广告效果上，一汽大众的弹出式广告通过其"弹"的运动形式，成功吸引了受众的注意力，比其他静态的图像广告和文字广告更能吸引受众，从而能成功地将广告理念传达给受众。

2. 案例——QQ 电脑管家安全购物月乐惠专场网络广告创意分析

下面以 QQ 电脑管家安全购物月乐惠专场网络广告为例进行创意分析。

在媒体选择上，QQ 电脑管家网络广告媒体选用的是在国内拥有庞大用户的信息载体——腾讯 QQ 活动专题网页。"QQ 电脑管家安全购物月"活动很好地利用了这个极具互动性的网络平台，紧紧抓住受众的"便利"心理，在满足受众需求的同时让产品得到更加有效的宣传。

在广告活动过程中，成功地抓住了受众的"便利"心理，在活动专题网页设置的活动流程清晰明了、简单易行，能让消费者在极短的时间内成功参与这项活动，大大提高了受众群体的积极性和参与度。

在广告主题方面，该活动以"让我们败得更安心，爽得更开心！"为口号，同时成功利用幸运大转盘很好地将 QQ 管家安全软件跟其他七大电商紧密联系起来，在宣传 QQ 电脑管家安全性的同时也为受众群体带来电商的具体产品信息。同时，为了更好地吸引受众的注意力，电子代金券等奖品的派发更是为电商带来直接的商机，从而达到了双重的宣传效果。

✦ 任务演练

1. 任务目标

对德芙巧克力的电视广告进行创意分析。

2. 任务内容

以小组为单位查阅资料寻找德芙巧克力经典广告，选择一个经典广告进行讨论分析。各小组共同完成一份德芙巧克力广告创意分析。

德芙巧克力是美国食品公司马氏公司在中国推出的系列产品之一。1989 年进入中国，"牛奶香浓，丝般感受"成为经典广告语。巧克力早已成为人们传递情感、享受美好瞬间的首选佳品。德芙品牌在市场上具有很高的品牌知名度，市场占有率为 35%，知名度为 80%。这样的成绩来自德芙丝滑细腻的口感、精美的包装，也来自德芙的广告宣传工作。

3. 任务操作过程

（1）将全班同学每 4~6 人分为一组，选出小组负责人，教师说明任务内容和成果要求。

（2）各组分别在网上查找德芙巧克力经典电视广告，并选定一个经典电视广告进行讨论分析。

（3）各组进行德芙巧克力广告创意分析并完成创意分析报告，由小组负责人在班内进行讲解展示。

（4）各组间进行互相评价，最后教师进行总结点评。

4. 任务成果

德芙巧克力广告创意分析成果

思考与练习

一、单项选择题

1. 广告创意的原意是指（　　　）。

　　A. 创造性的意念　　　　　　　　　　　　B. 一般想法

　　C. 发明创造　　　　　　　　　　　　　　D. 意念

2. 动态广告创意是指（　　　）。

　　A. 创造性的广告构思　　　　　　　　　　B. 创造性的广告想法

　　C. 创造性的广告作品　　　　　　　　　　D. 创造性的思维过程

3. 广告创意过程中，收集资料阶段不需要收集（　　　）。

　　A. 产品信息　　　　　　　　　　　　　　B. 消费者信息

　　C. 竞争对手信息　　　　　　　　　　　　D. 失败创意信息

4. 广告创意的过程包含（　　　）阶段。

　　A. 三个　　　　　　　B. 四个　　　　　　C. 五个　　　　　　D. 六个

5. 逻辑思维又可称为（　　　）。

　　A. 抽象思维　　　　　　　　　　　　　　B. 联想思维

　　C. 想象思维　　　　　　　　　　　　　　D. 放射性思维

6. 广告创作中创造性的思维过程属于（　　　）。

　　A. 静态广告创意　　　　　　　　　　　　B. 动态广告创意

　　C. 广义广告创意　　　　　　　　　　　　D. 狭义广告创意

7. 归纳与演绎属于（　　　）。

　　A. 逻辑思维　　　　　　　　　　　　　　B. 放射思维

　　C. 想象思维　　　　　　　　　　　　　　D. 联结思维

8. 把事物各个部分、侧面、属性按内在联系有机地统一为整体，以掌握事物的本质和规律的思维方式是（　　　）。

　　A. 归纳　　　　　　　B. 演绎　　　　　　C. 分析　　　　　　D. 综合

9. （　　　）是思维发展的高级阶段，也是人类思维的核心形态。

　　A. 逻辑思维　　　　　　　　　　　　　　B. 放射性思维

　　C. 形象思维　　　　　　　　　　　　　　D. 联结思维

10. "一题多解"属于（　　　）。

　　A. 逻辑思维　　　　　　　　　　　　　　B. 放射性思维

　　C. 形象思维　　　　　　　　　　　　　　D. 联结思维

二、多项选择题

1. 广告创意过程包括（　　　）阶段。

   A. 收集资料　　　　　　B. 分析资料　　　　　C. 酝酿构思

   D. 创意产生　　　　　　E. 完善评估

2. 广告创意过程中，分析资料阶段需要分析（　　　）资料。

   A. 消费者　　　　　　B. 企业　　　　　C. 产品　　　　　D. 竞争者

3. 形象联结思维包括（　　　）。

   A. 归纳思维　　　　　　　　　　　B. 想象思维

   C. 概括思维　　　　　　　　　　　D. 联想思维

4. 广义广告创意包括（　　　）。

   A. 广告战略　　　　　　　　　　　B. 广告策略

   C. 广告主题　　　　　　　　　　　D. 版面设计

5. 联想思维包括（　　　）。

   A. 接近联想　　　　　　　　　　　B. 相似联想

   C. 对比联想　　　　　　　　　　　D. 关联联想

6. 广告创意过程中分析资料包括分析（　　　）。

   A. 产品优点　　　　　　　　　　　B. 消费者偏好

   C. 产品竞争力　　　　　　　　　　D. 产品相同点

7. 广告创意过程中评估完善阶段需要评估（　　　）。

   A. 审核创意是否可行　　　　　　　B. 创意是否具有特色

   C. 创意是否适用于广告目标　　　　D. 创意是否符合消费者需求

8. 逻辑思维包括（　　　）。

   A. 归纳演绎　　　　　　　　　　　B. 分析综合

   C. 广播广告　　　　　　　　　　　D. 抽象概括

三、判断题

1. 动态广告创意就是创造性的广告构思、想法或作品等。　　　　　　　　（　　　）

2. 动态广告创意就是广告创作中创造性的思维过程，属于动词状态。　　（　　　）

3. 广告创意是一种创造性的思维活动，这是创意的本质特征。　　　　　（　　　）

4. 逻辑思维是思维发展的高级阶段，是人类思维的核心形态。　　　　　（　　　）

5. 放射性思维就是从一个点向四周辐射的创新思维方法。　　　　　　　（　　　）

6. 分析是把事物分解为各个部分、侧面、属性，分别加以研究，是认识事物整体的必要阶段。　　　　　　　　　　　　　　　　　　　　　　　　　　　　　（　　　）

7. 抽象思维就是把两个或者几个不同的事物联结起来思考的创新思维方法。　（　　　）

四、案例分析题

1995年12月，"红牛"凭着对中国市场发展的信心和全球战略眼光，从泰国来到中国，成立了红牛维他命饮料有限公司，大力开拓中国市场。20余年来，红牛维他命饮料有限公司建立了覆盖全国的销售网络及机构。秉承国际先进经管理念和管理模式，重在引导和培养消费观念，以"功能饮料市场先入者"的地位和优势，红牛饮料快速打开中国市场。请大家查阅红牛企业资料，并对图3-17所示的红牛广告进行创意分析。

图3-17 红牛广告

参考答案

项目 4 创作印刷类广告

 学习目标

掌握报纸广告、杂志广告、售点广告、海报广告的特点，能结合实际广告案例分析报纸广告、杂志广告、售点广告、海报广告的特点；

熟悉报纸广告、杂志广告、售点广告、海报广告的制作，会利用每种广告的特点进行广告制作；

具备自主探究新知识的意识，提高创新能力，具备谨慎、认真的工作理念及理论联系实际的创作能力。

 思维导图

任务 4.1   设计报纸广告

任务导入

小美在广告公司创意部实习期间，表现得十分优秀。顺利轮转回广告设计部，进行印刷广告设计岗位实习。总监在与小美交流的过程中，提了几个问题：

1. 企业为什么选择报纸广告？你会制作报纸广告吗？

2. 报纸广告有哪些特点？谈谈你对报纸广告的了解及其未来发展趋势。

如果你是小美，将如何回答呢？

任务分析

要想回答总监的问题，就需要了解报纸广告的基本知识，掌握报纸广告的特点、发展趋势等内容。小美回家以后，认真学习了报纸广告的相关知识，并找到了多份报纸，进行报纸广告研究。

知识储备

4.1.1   报纸广告的特点

报纸广告以文字和图画为主要视觉元素，与电视广告等其他媒体广告相比，报纸广告中的商品外观形象和款式、色彩等，不能像其他媒体那样更加完美地反映出来。即便如此，报纸广告还是深受国内外企业的信赖，是因为其不同于其他媒体广告的特点。

1. 传播范围广、速度快

报纸的发行量和发行范围影响着其信息的传播广度。早在 2003 年，日本的《读卖新闻》每日发行量就已超过 1 400 万份，位居世界报纸发行量首位。与其他广告媒体相比，报纸的价格低廉，发行量大，而且一般公开发行的报纸都能不同程度地渗透到社会各个领域。尤其是全国发行的报纸，可以覆盖社会的各个层次、各个地方，传播范围广。报纸大多是当日发行，出版频率高，读者通常可以阅读到当天的报纸，对于时效性要求高的产品宣传，不会发生延误的情况。

2. 读者广泛而稳定

报纸能满足各阶层媒体受众的共同需要。因此，它拥有极广泛的读者群。不同的读者群，其兴趣、爱好各不相同，而且在一定时期内不易改变，这就使得报纸广告的目标市场有相对的稳定性。

3．广告排版灵活多变

广告版面的编排灵活多样，可以为各类客户提供充分的选择空间。实力雄厚的企业可以根据需要刊登整版广告或跨版广告，资金有限的小企业或个人也可以发布报花广告。与此同时，报纸版面的排版和印刷技术也给广告主提供了许多有创意的方式。

4.1.2　制作报纸广告

一份报纸广告，无论版面大小、文字多少，一般都由三部分组成：一是文字，称之为文案；二是文字与图案的搭配，称之为画面；三是构成，称之为版面。要做好一张报纸广告，实际上就是要做好以上三个方面。对于读者而言，看起来很轻巧、很普通，但对于广告制作者而言，却绝非任意的涂写。因为要将这张广告登载在某年某月某日某个版面上的代价至少是几千元，以这几千元甚至更高的代价，能为广告主带来什么样的销售效果，这需要广告制作者更好地去诠释。

1．报纸广告的文案设计

（1）报纸广告的标题设计。一般来说，消费者对标题的阅读力是正文的 5 倍。标题没有设计好等于浪费了广告主 80％的广告费。首先，唯有富有魅力的标题，才能引导读者阅读副标题及正文。其次，标题向消费者承诺其所能获得的利益，要把最多的消息贯注于标题当中，要强调消费者能得到的实际好处。再次，如果结合创意，增加标题的好奇性和趣味性，吸引消费者眼光的停留，不乏一个重要的方式。最后，应使用在情绪上、气氛上对诉求对象具有冲击力的语调，按照他们的语言、审美、文化偏好去表述。

（2）报纸广告正文设计。首先，广告正文不同于文章，它应该更像一篇文章的摘要。挑出最关键的字、词、句，使陈述简明到不可再缩简，否则陈述冗长，很难让人有耐心读下去。其次，一定的艺术夸张和技巧运用是必不可少的，但故弄玄虚、凭空捏造是不可取的。事实证明，只有做到恰如其分的广告诉求表现，才可能真正取信于广大消费者，才可能真正形成销售流程的良性循环。

2．报纸广告的画面设计

画面设计是在一定规格广告平面空间内，由文字及图案结合而成的平面关系。犹如一个舞台，有主角、配角与群众演员之分，主角只有一个，配角会有若干个，群众演员会有更多，画面设计应该首先理清这三者的关系，然后在表现中加以处理，这种处理可以综合运用字体大小、平面占用比例、色彩及色块的深与淡、排版的疏密等方式来体现，不可变成大合唱。如品牌名占据版面较大比例、用特大的字或与众不同的颜色来表现。通常的做法是：一是留出特别的空来放置品牌名，让品牌名犹如广场中的主题雕塑那样明显；二是让品牌名与定位词及标识等结合成一个更为复杂的结构，如方块形、整而紧密的结构合成，达到抢眼的效果。

3．报纸广告的版面设计

（1）报花广告。报花广告又称为栏花广告，是在任意版面刊登的小广告，如图 4-1 所示。这类广告版面小，而且形式特殊，不具备广阔的创意空间，文案只能做重点突出，采用陈述性的表述较多，明确品牌或企业名称、电话、地址等内容。规格一般有两种：3 cm×2 cm、6 cm×2 cm。一般报纸会进行分类刊登，如医药版、招商版等。这类广告板块小，收费相对便宜，所以有些品牌常年刊登报花广告，从而加深人们对企业的印象。

图 4-1　报花广告

（2）报眼广告。报眼即横排版报纸报头一侧的版面，如图 4-2 所示。版面面积虽然不大，但位置十分显著、重要，引人注目。假如为新闻版，多用来登载简练而重要的时讯或内容提要。这个位置用来刊载广告，因其位置优越和醒目，显然与其他版面广告比，关注度要高，并会自然地表现出时效性、权威性和可信度。由于报眼广告版面面积小，容不下更多的图片，所以广告文案写作占据核心地位，具有举足轻重的作用。在文案写作上，需简短凝练，忌用长文案，尽量减少感性诉求，以免冲淡报眼位置自身所具有的说服力与可信性。

（3）半通栏广告。半通栏广告一般有两种：一种约为 65 mm×120 mm，另一种约为100 mm×170 mm。由于这类广告版面较小，而且众多广告排列在一起，相互干扰，广告效果容易相互削弱，如图 4-3 所示。所以，要想使广告做得超凡脱俗、新颖独特，给读者以视觉冲击，是需要广告设计人员精心制作的。

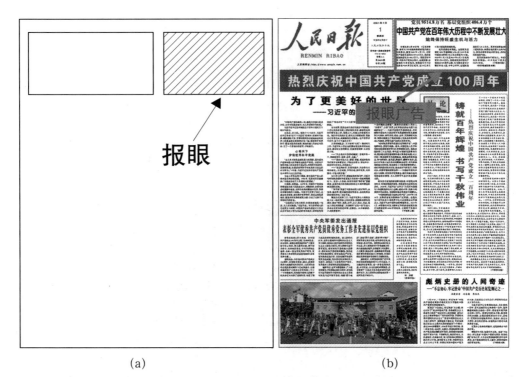

(a)　　　　　　　　　　　　　(b)

图 4-2　报眼广告

图 4-3　半通栏广告

（4）单通栏广告。单通栏广告的规格有两种，一是 100 mm×350 mm；二是 650 mm× 235 mm，如图 4-4 所示。单通栏广告是广告中最常见的一种版面，符合人们的正常视觉，因此版面自身有一定的说服力。在文案写作上，广告正文的字数一般控制在 500 个汉字以内。

图 4-4   单通栏广告

（5）双通栏广告。双通栏广告有约 200 mm × 350 mm 和约 130 mm × 235 mm 两种类型，如图 4-5 所示。在版面面积上，它是单通栏广告的 2 倍。凡适于报纸广告的结构类型、表现形式和语言风格都可以在这里运用。在广告文案的写作上，广告标题可以采用多句形式和复合形式，内容多采用论辩性文案。

图 4-5   双通栏广告

（6）半版广告。半版广告一般有约 250 mm × 350 mm 和 170 mm × 235 mm 两种类型，一般以横半版广告为主，如图 4-6 所示。半版与整版和跨版广告，都称为大版面广告。这也是广告主雄厚的经济实力的体现。在广告创作上可以运用大幅生动画面，拓宽画面的视觉效果，文案写作上既可以采用感性诉求，也可以采用理性诉求，尽可能采用大标题，少正文文案，突出主题，展现品牌形象的气势。

图 4-6　半版广告

（7）整版广告。整版广告一般可分为 500 mm × 350 mm 和 340 mm × 235 mm 两种类型，如图 4-7 所示，是我国单版广告中最大的版面，展现了广告主雄厚的经济实力，给人以视野开阔、气势恢宏的感觉，使读者印象深刻。此类广告在设计运用中多以图为主，辅之以文。

图 4-7　整版广告

（8）跨版广告。跨版广告是指一个广告作品，刊登在两个或两个以上的报纸版面上，如图 4-8 所示。通常，跨版广告分为整版跨板、半版跨板和 1/4 版跨版等形式。跨版广告能体现企业的气魄、基础和经济实力，是大企业乐于采用的形式。

图 4-8   跨版广告

4.1.3   报纸广告实例

广告获得的效果、给读者留下的印象，会受到报纸画面色彩、图案、版块面积的影响，也会受到报纸创意的影响。通常来说，彩色版的广告比黑白版广告效果更好，彩版广告可以大大提高读者的注意力，增强报纸的发行量和阅读量；插图广告比纯文本广告效果更好，尤其是卡通画能大大吸引读者的注意力；大版面广告优于小版面广告的展示效果，整版或者跨版广告更能获得读者的注意力，尤其是在销售产品和旅游服务上；精心的构思，巧妙的设计，与其他报纸的与众不同，也会吸引大批读者去阅读体验。下面介绍三种报纸广告实例：报纸文字广告、报纸图片广告和报纸图文广告。

1. 报纸文字广告

基于报纸的时效性、覆盖面广等特点考虑，单纯的文字广告可以在第一时间传递信息，帮助广告主将想要刊发的内容进行快速的登载和传播。但如果想用单纯的文字广告来博得读者的青睐，与图片或图文广告相比，它还缺乏一定的表现力，还需要广告文案设计者精心地策划广告语，来吸引读者的注意力。所以实力雄厚的企业主，不常用单纯的文字广告，而对于小广告主或是张贴启事，这种形式很受欢迎。

2. 报纸图片广告

图片广告的呈现力优于文字广告，图片的视觉冲击力能吸引大量的读者。同时，广告创意设计者还可以借助不同的环境使图片达到意想不到的宣传效果，更好地表现广告。例如，日本《朝日新闻》上刊登的一则《你的名字》的电影广告，如图 4-9 所示，它的巧妙之处在于成功地利用了环境，运用光线让不可能相遇的男女主人公在一份报纸中相遇。还有一些广告设计应用了报纸的翻页功能，看似简单，但在设计上会给读者增加了自己动手的体验，增加一些奇趣创意，如某品牌的木制拉门衣柜广告，如图 4-10 所示，经过特殊的裁剪、翻页的合理制作，就像真的在拉衣柜的门一样令人难忘，给人一种身临其境的感觉。

图 4-9　报纸图片广告

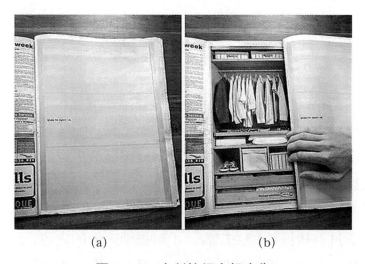

(a)　　　　　　　　　(b)

图 4-10　木制拉门衣柜广告

3. 报纸图文广告

报纸图文广告结合了文字和图片的优势，能更生动形象地展示所要宣传的产品外观与功能，同时配以较大版面的设计，能很快地吸引读者的眼球，将注意力集中到报纸广告内容上，如图 4-11 所示。

图 4-11　报纸图文广告

一些广告设计者还运用全新的体验，邀请读者一起参与到报纸广告中去，增加读者对报纸广告的印象。例如：之前流行的秘密花园，某房地产公司就联合当地报纸在头版，以秘密花园的形式登出了"某广场"的广告，如图4-12所示，邀请读者一起参与到该项目的涂色中，体会动手的快乐。这种体验在其他媒体上不容易实现，可以说是报纸媒体的一种独特优势，对于阅读者而言，这种广告形式要比一个不知所云的项目广告有趣多了，也会很乐意参与进去。其实，现在国内外的一些报纸已经不仅是视觉上的体验，更多综合了嗅觉、触觉，甚至是听觉，未来相信会有更多报纸技术上的革新，通过全新的体验吸引更多的读者。

图4-12　报纸图文广告

![任务演练]

1．任务目标

分析本地区报纸所发布的广告的特点，了解本地区报纸广告的客户类型，对报纸广告业提出建设性意见和建议。

2．任务内容

以小组为单位，通过查找报纸相关广告，了解报纸广告的内容，运用头脑风暴法，分析报纸广告的客户所属行业类型，提出对报纸广告公司未来发展的建议。

3．任务操作过程

（1）将全班同学每4~6人分为一组，选出小组负责人，教师说明任务内容和成果要求。

（2）每一组选择本地区的一种报纸，对近一个月内所发布的广告内容及广告客户所属的行业进行记录分析，分组查找不同报纸广告客户选择广告媒体的理由，利用头脑风暴法进行交流，总结本地区报纸广告业近期发展趋势以及对企业投放报纸广告的建议。

（3）分小组完成任务报告，由小组负责人在班内进行口头交流。

4．任务成果

将完成的任务成果填写在表4-1、表4-2中。

表4-1　本地区报纸广告业近期发展趋势分析

序号	本地区报纸广告业近期发展趋势	提出该趋势的原因
1		
2		
3		

表 4-2　对本地区广告公司投放报纸广告未来发展的建议

序号	对本地区广告公司投放报纸广告未来发展的建议	提出该建议的原因
1		
2		
3		

任务 4.2　设计杂志广告

任务导入

　　小美在印刷广告设计岗位工作了一段时间。一天，总监带着她去拜访当地的一家杂志社，在路上总监问了小美几个问题："你知道企业为什么选择杂志广告吗？杂志广告有哪些特点？谈谈你对杂志广告的了解及你印象最深的杂志广告。"小美这次不但对答如流，还说出了很多自己独特的见解，得到了总监的肯定。

任务分析

　　小美能顺利回答总监的问题，得益于她平时对杂志广告知识的关注和收集。她首先了解了杂志广告的分类标准，每种分类标准下包括哪些广告类别，然后研究了不同的广告适合在哪一版位进行刊登，同时还收集了很多有代表性的杂志创意广告。

知识储备

4.2.1　杂志广告的特点

　　杂志最初形成于罢工、罢课或战争中的宣传小册子，这种类似于报纸、注重时效的手册，随着时间的推移流传下来，形成一种新的媒体。但随着科学技术的进步，大规模发行杂志出版物的年代已经悄然离开，互联网的发展催发了电子杂志的蓬勃兴起，也使得现有的杂志有了电子版，这为读者和广告客户提供了增值资源。

　　杂志广告的特点，使其吸引了一批独特的广告主。

　　1. 有着明确的读者群，选择性强

　　杂志的种类繁多，按内容可分为综合性期刊与专业性期刊两大类。专业性的杂志有着一批固定的读者群，可以帮助广告主渗入某些专门的行业。如今，杂志的市场细分越来越细，这就为广告客户提供了越来越多的选择，并能有针对性地根据特定的目标市场或消费阶层发布信息，节约广告预算的费用。

2．易给读者留下持久深刻的印象

杂志广告编辑精细，印刷工艺精美，纸张质量也较考究，一般为高级道林纸（也叫胶版印刷纸）。杂志的封面、封底多用彩色印刷，图文并茂，精美的印刷版本无疑提升了读者的阅读兴趣，并使读者在阅读时有一种时尚、高级的艺术感受。通常，广告作品往往放在封底或封里，一个版面一般只集中刊登一项广告，醒目、突出有助于吸引读者仔细阅读欣赏。因此，杂志广告精良、高级的特色，易给读者留下深刻的印象。

3．创作形式多种多样

杂志广告可以选用不同的材料、尺寸、位置、色彩等，一些广告主会提出特殊的方案来加强广告的视觉冲击，提升读者的注意力，一般位于大型消费杂志的中页。广告主除了可以选择常规的封面（杂志的首页）、封底（杂志的尾页），还可以运用插页广告，将优惠券放入其中。有些香水广告会将整个杂志变成一个大型的广告体验，不但让杂志能看，而且让杂志能闻。杂志的纸张面积虽然小，但是形式多种多样，潜移默化地把广告信息植入读者记忆中。

4．价格昂贵，灵活性差

杂志广告虽然印制精美，吸引读者，但在广告的造价成本上会令一些小企业望而却步，而且杂志广告在市场应变能力上呈现出灵活性差的特点。

4.2.2　制作杂志广告

杂志广告的生命力在于创意以及读者对杂志的价值评价，读者的价值评价又表现在杂志保存的持续性和可能性上。许多杂志能长期保存，在一定时间里作为读者的参考资料，一些娱乐周刊利用读者间的相互传阅来延续其生命力。广告主更关心的是杂志广告的刊登能否带来预期的广告效果，能否让更多的消费者注意到该产品，增强品牌的知名度。因此，在杂志广告的创作设计上，制作者要多花些心思，吸引消费者的注意。

1．杂志广告的尺寸

杂志广告的尺寸一般为反手拉页、普通跨页、全页、1/2 横稿、1/2 竖稿、1/3 直稿、1/3 横稿和 1/3 方稿等，其中每一种类型又可分为出血稿和不出血稿两种，出血一般是 3mm（就是纸张四周凡有颜色的地方都要向外扩大 3 mm），如果刚好做成成品大小，切钢刀时就可能出现白边，所以在制作时就要求出血，印刷厂在给成品切钢刀时会自动向内收 3 mm。版心（字或图片）距离版面边四周都要有 5 mm 以上，如图 4-13 所示。

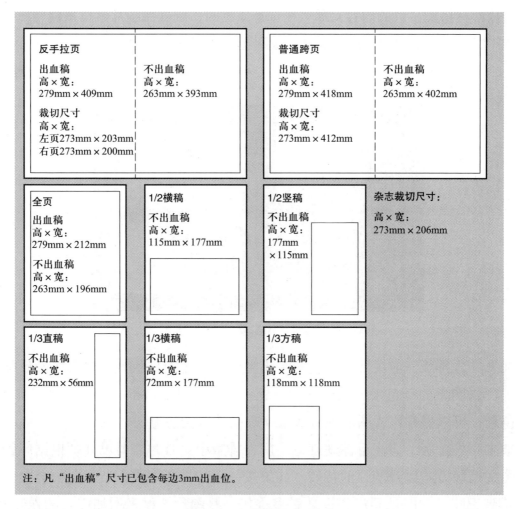

图 4-13　杂志广告尺寸

2．杂志广告的排版

杂志广告版面的组成与报纸广告类似，包括广告标题、图像、正文、随文、标语等。在构图的处理上，因为杂志广告的印刷技术精湛，因此不一定像报纸那样必须铺开，可以采用压叠、穿插的方式，创作丰富的形式效果。广告的排版也有学问，要运用透视等原理，给广告以空间感，让读者看了感觉真实且精美。

（1）杂志广告排版，应注意图文的对比度。杂志广告本身受版面的影响，每一种排版方式呈现出的效果不同。杂志版面一般是 A4 纸大小，广告图及文字的排版必须图文对齐，给人一种整体的综合美。例如，标题字的字号、形式与广告图需要水平对齐。排版图文对齐后，还要移动文字，突出文字的效果。图中有五段文字，一个大标题，底色为黑色，白色是其对比色，要想凸显与众不同及整体色彩的协调，需要找到凸显的颜色，如红色，这样颜色、字号与字体的组合会给人一种整体美。但当图文的对比度不明显时，需要及时更改文字的大小、颜色。

（2）杂志广告排版，应确保图片与产品特性一致。广告图排版中，有时需要设计师自己寻找相应的图片素材搭配主页的内容，那么在选择素材时，要确保图片素材主题与广告中产品的特性相一致，要结合设计中的广告图场景，做到互相呼应、表达清晰。如图 4-14 所示，海鲜类的产品广告，一般设计者都会运用蓝色，代表大海的颜色，让人产生一定的联想与画面真实感。

图 4-14　海鲜类产品广告

（3）杂志广告排版，应灵活运用色彩突出主题。广告图排版，有时需要设计师通过美感创意，搭配广告图里的颜色来突出广告的主题。可以通过更改部分背景的颜色来突出主题，灵活运用色彩，可以提升广告图的视觉效果，吸引读者的注意。

（4）杂志广告排版，应注重体现创意。广告排版中，有时需要设计师根据广告内容来选择不同的图文排版方式以及图片的特效。如果按一般的排版方式，杂志广告会缺乏创意，使读者看了感到乏味。这时就要广告设计者多查找一些图片素材来增加广告的趣味和观赏度，提高图文排版的层次感，体现广告的与众不同，才能让读者有眼前一亮的感觉。

3．选择合适的构图形式

在杂志整版彩色印刷的广告中，目前比较流行的构图形式和设计布局有以下几种。

（1）单一式构图。这种构图即在整个画面的版式中仅有一个中心，突出一款产品，如图 4-15 所示。单一式构图的优点在于简洁、凝练，突出广告产品的特点，使单款产品给人以视觉的冲击力，给读者留下深刻的印象。

图 4-15　单一式构图

（2）多系列式构图。这种构图即杂志版面的画面同时展现一个企业的多种产品，使读者了解企业的子品牌、产品系列等相关情况，帮助读者建立企业的子品牌意识，树立企业的品牌形象。该种构图很难突出某一子品牌或某一产品，但能在构图设计上给人以耳目一新的感觉。

（3）叠压式构图。这种构图即在布置杂志版面时，采用不同的画面，互相压叠，互相衬托，如图 4-16 所示。这种构图方式，在选择背景时要避免凌乱，突出叠压的每一张图片，而弱化背景。因此，选择单一色调、简洁的背景较多。

（4）展板式构图。这种构图即在杂志版面排版时，画面包含若干个单元，以类似展览的形式展现产品的具体构造或其突出特点。该种形式给读者以选择的空间，可以仔细观察每一个产品画面，也可以选择性地重点欣赏其中一个。

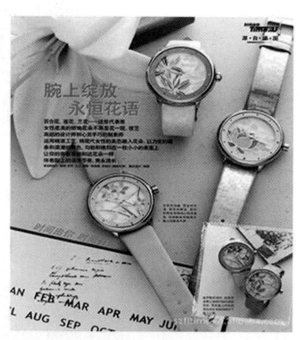

图 4-16　叠压式构图

4.2.3　杂志广告实例

人们走过街头的"报刊亭"时，对挂满橱窗琳琅满目的杂志会感到既是一种诱惑，也是一种享受。只有那些有内涵、有创意的杂志，才能在众多的杂志中脱颖而出，才能留存在人们的记忆中。一般来说，杂志广告可分为平面杂志广告和立体杂志广告。下面介绍几则有创意的杂志广告。

1．平面杂志广告

平面杂志广告，若从空间方面进行界定，泛指现有的以长、宽两维形态传达视觉信息的各种杂志广告。若从设计的角度来分析，它包含着文案、图片、线条、色彩、编排等多种要素。平面杂志广告由于其传达信息一目了然，能瞬间扣人心弦，从而为平面杂志广告的宣传效果加分。此外，在创作上要求表现手段浓缩化并具有象征性，一幅优秀的平面杂志广告设计具有充满主题色彩的新鲜感，并具有设计上独特的表现技巧和情感。例如，利用平面杂志广告特殊的印刷插页展示不同的效果，如图 4-17、图 4-18 所示，强调运送非常快速，就像是翻页一样利落。又如，通过独特的设计，使广告具有体验感，增加平面杂志广告的可读性，如图 4-19 所示，读者砸一下，便可弹出安全气囊，使读者体会汽车的安全性能，传达广告的宣传信息。

图4-17 平面杂志广告（一）

图4-18 平面杂志广告（二）

图4-19 平面杂志广告（三）

2. 立体杂志广告

立体杂志广告主要分为两种：一种是通过普通黏合、折叠，以翻页的形式呈现出来，是现实存在的立体感。另一种是利用光的折射原理开发而成，通过3D立体影像合成技术与光栅材料的结合，将普通平面图片转换成立体影像，它是根据人以左右眼看同样的对象，所见角度不同，在视网膜形成的像不完全相同，这两个像经过大脑综合以后就能区分物体的前后、远近，从而产生立体视觉这一原理来呈现的，是传统摄影技术与印刷技术无法达到的一种境界。该立体杂志广告与其他所谓立体图片的不同之处在于观看此图片时不需要任何辅助设备与技术，普通的观看方法就能给人以很强烈的立体感。每位广告主都非常希望自己公司的广告能被看到，而且不仅仅是被消费者注意到，还要使他们"记得住"。因此许多立体杂志广告设计都会采取不同的展现方式，希望达到印象深刻的效果。如图 4-20 所示，就属于第一种立体杂志广告，运用杂志特殊的裁剪工艺，直接展示立体的效果，加深读者对广告的印象。如图 4-21 所示，就属于第二种立体杂志广告，运用 3D 立体影像合成技术与光栅材料的结合，形成立体杂志广告。

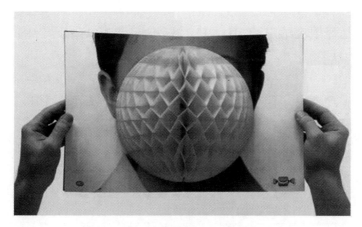

图 4-20　立体杂志广告（一）

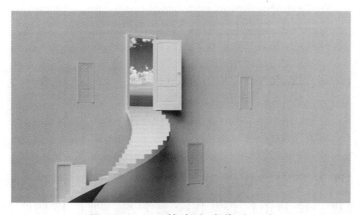

图 4-21　立体杂志广告（二）

任务演练

1. 任务目标

通过实地调查，了解不同种类杂志广告的内容及读者结构。

2. 任务内容

以小组为单位，每一组挑选一种杂志类型进行调查。通过查找网络有关知识和文献资料，了解该类杂志的广告内容及读者结构，运用小组合作法，分析不同类型杂志广告的特点和读者结构特征。

3. 任务操作过程

（1）将全班同学每 4~6 人分为一组，选出小组负责人，每一组调查一类杂志，如财经类、时政新闻类、专业技术类、文学类等，教师说明任务内容和成果要求。

（2）分组查找不同类型杂志的广告内容，利用小组合作法进行交流，总结不同类型杂志的广告特点和读者结构（包括年龄、性别、国别、受教育程度、家庭收入情况等）。

（3）分小组完成任务制作 PPT，由小组负责人在课堂上进行 PPT 展示。

4. 任务成果

各小组将调查的内容填在表 4–3 中，并汇总不同杂志类型广告内容的特征及读者结构，每人写一份调查分析报告。

表 4–3　不同杂志类型广告内容的特征及读者结构

杂志类型	广告内容、特点	读者结构

任务 4.3　设计售点广告

任务导入

一天，小美的好朋友小安找到她说："小美，我现在正在一家公司的销售部门实习，经理让我帮助他做一个 POP 广告？我一头雾水。听说你在广告公司实习，你对这一块肯定熟悉，快给我讲讲，什么是 POP 广告，有什么特点和功能？如何制作 POP 广告呢？"

任务分析

小美要回答好小安的问题，需要熟悉售点广告的基本知识，如其由来、特点、功能等，再通过多看、多思考、多分析有代表性的售点广告实例去制作有自己特色的售点广告来吸引消费者。

 知识储备

4.3.1　售点广告的功能与特点

售点广告，即（point of purchase，POP），也叫卖点广告，是一种有效刺激消费、扩大销售的促销媒介，是在零售商店内的墙壁上、天花板上、橱窗里、通道中、货架上、柜台上张贴或摆放的各种广告物。POP 广告起源于美国的超级市场和自助商店里的店头广告。这种广告的发展，同超级市场的普及以及它们之间日益加剧的竞争是紧密相连的。超级市场里有令人眼花缭乱的商品品牌，如何让消费者从中迅速选出合适的商品，POP 广告默默地担当起受人欢迎的"向导"和"推销员"的角色。随着超市的日益普及和百货店、专卖店、"开放型"陈列销售范围的扩大，POP 广告也十分迅速地发展起来了。

1．POP 广告的功能

（1）新产品告知功能。通常，一半以上的 POP 广告都属于新产品的告知广告。当新产品出售在即之时，与其他宣传媒体相配合，在售点使用 POP 广告进行促销活动，可以吸引消费者的注意力，激发其产生购买欲望。

（2）唤起消费者潜在的购买意识。虽然各大企业已经利用各种广告传媒进行宣传，吸引消费者对本企业或本产品的广泛关注，但有时当消费者步入商店，有可能已经将大众传播媒体的广告内容遗忘，此刻利用 POP 广告在现场展示，可以唤起消费者的潜在意识，重新记忆商品，促成购买行动。同时，POP 广告有"无声的售货员"的美誉，利用销售环境，突出产品的特色，使消费者能下决心购买产品。

（3）营造良好的销售气氛。利用 POP 广告强烈的色彩、动人的图案、突出的造型、幽默的动作以及准确而生动的广告语言，可以营造浓厚的销售气氛，吸引消费者的视线，激发其购买欲望，使其产生购买冲动。

2．POP 广告的特点

（1）消费指引性。如果产品广告已在其他大众媒体进行了投放，对产品特点的宣传已经起到了一定的传播作用，在消费者脑海中留有了一定的印象。那么，POP 广告在商场里的宣传对消费者的购买起到了关键的指引性作用。

（2）形象提升性。企业可以通过在商场内的 POP 广告宣传自身形象，提升产品或企业的知名度，加深消费者对该品牌的记忆，提高消费者对产品和品牌的识别度。

（3）信息时效性。室内室外的 POP 广告设置一般都没有时间限制，长期重复出现，广告信息具有广泛性和时效性，能起到无声推销的作用。同时，新产品的上市、季节性促销、优惠特价等，利用 POP 广告都能很好地表现出来，让消费者快速地做出购买选择。

（4）制作简便性。POP 广告除大批量制作时需要冲印、压铸外，很大一部分是小道具制作，利用软硬纸板、毛绒材料、塑料、纺织品材料及一般的水彩笔、马克笔和水粉等即可制作，成本低廉，简单快捷，这是其他广告形式无法比拟的优势。

4.3.2　制作售点广告

POP 广告的设计策划要求文字突出，能快速传递广告信息，利用更多色彩的搭配，吸引消费者的注意力。在 POP 广告的制作方面要有强大的视觉冲击力，才能达到商家预期的目的。因此，大部分的 POP 广告是用水性的马克笔或是油性的麦克笔和各种颜色的专用纸制作的。POP 广告的制作方式、方法很多，材料种类不胜枚举，但以手绘 POP 最具机动性、经济性、亲和性和趣味性，也最易被大众所接受。

1. POP 广告制作的基本原则

（1）突出主题性原则。一个引人入胜的版面构成，首先必须明确客户的目的，并深入了解、分析、研究广告内容，将设计与主题巧妙地结合起来。版面设计离不开核心内容，更要体现内容的主题思想，用以增强读者的注目力与理解力。主题鲜明突出、一目了然是设计的第一步，也是设计作品中所进行的重要思维活动，如图 4-22 所示。主题明确后，版面图案、色彩布局和呈现形式等就是版面设计艺术的核心，也是一个艰辛的创作过程。

（2）整体性与协调性相结合原则。POP 广告的制作策划是传递信息的纽带，追求完美形式必须体现整体性，同时，局部的设计还要符合主题的思想内容，这是 POP 广告设计的根基。只有把形式与内容合理地统一，呈现整体布局，才能取得版面构成中独特的社会价值和艺术价值。版面的协调性就是强化版面各种设计要素，在 POP 广告整个版面中的结构以及色彩上体现一致性。通过版面的文字、图案间整体组合与协调的设计，使版面具有秩序美、条理美，从而获得更好的视觉效果。如图 4-23 所示，某房地产 POP 广告就能很好地展现这一原则。

图 4-22　主题鲜明突出的 POP 广告

图 4-23 某房地产 POP 广告

（3）简洁明了性与艺术性相结合原则。POP 广告的空间是有限的，如果想要将内容面面俱到地表达出来反而有可能达不到宣传效果。虽然传达给消费者的信息越详细越好，但是如果将详细介绍用很小的字写在 POP 广告上，观者不但看不清，甚至产生反感。怎样才能达到新颖、形美、变化而又统一，并具有审美情趣，这就要取决于 POP 设计者的文化底蕴。由于 POP 广告只能在有限的范围内与读者接触，这就要求版面表现必须单纯、简洁，但不能单调、单一，而是信息的浓缩提取、内容的精练表达，这是建立于新颖独特的艺术构思上的。因此，版面的单纯化，既包括主题内容的规划与提炼，又涉及版面形式的构成技巧，给人以视觉上的综合美感，如图 4-24 所示，简洁的背景衬托出造型各异的珠宝首饰，简洁明了中带有艺术的魅力。

(a)   (b)

图 4-24 简洁艺术的 POP 广告

（4）针对性与趣味性相结合原则。排版设计中的针对性主要是指要针对商品的特点，其趣味性主要是指形式的情趣。这是一种活泼性的版面视觉语言。如果版面本无多少精彩的内容，就要靠制造趣味取胜。版面充满趣味性，使 POP 广告传递的信息如虎添翼，起到了画龙点睛的作用，从而更吸引人、打动人。趣味性可采用寓意、幽默和抒情等表现手法来获得。如图 4-25 所示，针对商品特点进行宣传，活泼的版面给人眼前一亮的感觉。

(a)

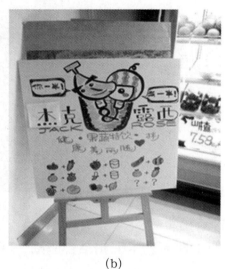
(b)

图 4-25　趣味性 POP 广告

2. POP 广告制作的线条与字体

在进行 POP 广告制作时，必须抛弃以前写字的方法，字体可采用九宫格或米字格字体（见图 4-26）来临摹，也可以采用圆体或艺术字，只要字迹清楚、简洁有力，不必在字体上进行太花哨的变化。字体要给人平稳不失美感的意境。另外，在色彩应用上也应力求干净，如图 4-27 所示。

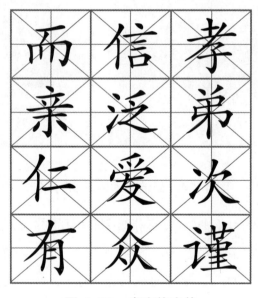
图 4-26　米字格字体

图 4-27　POP 广告

4.3.3　售点广告实例

POP 广告的形式是多种多样的，下面介绍五种 POP 广告实例。

1. 陈列式 POP 广告

这是放置在售货柜台或货架上的小型广告媒体，其作用是向消费者介绍本柜台的某一种商品，帮助消费者了解商品，吸引其购买。其内容有的是图文并茂地说明商品的名称、型号、用途、用法等，通常用纸板做成的支架立在柜台上；也有的是采取较复杂的结构，把样品直接陈列在柜台上面。

这种陈列式 POP 广告的制作方法比较简单，应当注意的是，这类广告一般放置在柜台上面，因此，不宜过大、过重，如图 4-28 所示。

图 4-28　陈列式 POP 广告

2. 招牌式 POP 广告

招牌式 POP 广告的主要位置在商店的门口、综合性商场的各层入口或者是各货类柜台的总入口处等，它的主要作用是吸引顾客的注意力。有些品牌为了吸引顾客专门采用 PVC 或塑胶类的特殊充气材料做 POP 广告来进行宣传，也可以起到招牌的作用。

招牌式 POP 广告的内容均为宣传商品。一类是常规性的商品宣传，如图 4-29 所示，宣传酒店的特色——酒；另一类是焦点式的商品宣传，即根据节日、季节、时令或特殊时期，选定一些人们特别关心的商品作为宣传的焦点来吸引顾客，如"中秋月饼""端午节粽子""羽绒服反季大减价"，如图 4-30 所示。

图 4-29　常规性招牌式 POP 广告

图 4-30　焦点招牌式 POP 广告

3. 橱窗 POP 广告

商店的橱窗本身是一种广告宣传媒体,现在已有不少商家认识到其具有的作用。他们往往租用大型商店的一个或几个橱窗,布置成以本企业产品为中心的专题橱窗,起到打开产品销路的作用。

橱窗 POP 广告的制作是为了突出某项或是某几项商品,一般是当季的新品或当季主推的商品。橱窗广告一般分为以下几种。

(1)特写橱窗 POP 广告。陈列一种商品,有独特模型,突出商品特点,一般为大型或专业商店采用。

(2)专业橱窗 POP 广告。陈列同一大类商品,一般为大中型商店采用,如图 4-31所示。

(3)联合橱窗 POP 广告。把有连带性的商品陈列在一起进行展示,大中小型商店都可采用。

(4)混合橱窗 POP 广告。把不同类商品混合陈列在一起展示,是小型商店橱窗广告宣传的主要形式。

图 4-31　专业橱窗 POP 广告

4. 悬挂式 POP 广告

悬挂式 POP 广告很像我国古代店铺门前的幌旗或布招，不过它不只限于悬挂在店铺门口，也可以在商店内部如柜台顶上、货架顶上、天花板下面、楼梯的上部等。它的作用除了宣传商品、引导顾客购买、宣传商店的营业宗旨，还可以增加店堂内的热闹气氛，吸引顾客的注意力。

悬挂式 POP 广告多是用布或绸制成的旗幡，也可以用镜框、木板、塑料板、灯箱等中空的、相对较轻的材料制成。在有的大型商场还采用气球、吊篮、毛绒玩具等进行店铺装饰。图 4-32 所示就是目前常用的悬挂式广告。

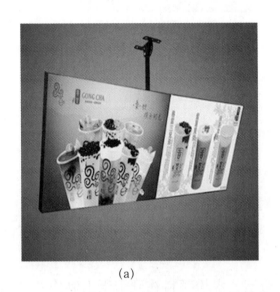 

(a)　　　　　　　　　　　　　　(b)

图 4-32　悬挂式 POP 广告

5. 立地式 POP 广告

立地式 POP 广告的形式多种多样，如商品展示架、销售台、放置印刷广告的宣传架，兼做装饰用的陈列架等。这类 POP 广告特别适用于大型超级市场和大型零售商店，它可以独占相当大的空间而不与其他商品相混淆，是极为忠实而沉默的推销员。当前，也有一些小型餐饮门店或专卖店采用立地式 POP 广告的升级版——动态立地式 POP 广告，他们将广告添加了动态效果，以吸引更多的消费者前来光顾。卖场、展览会通常也会使用易拉宝、X 架等，这些都属于立地式 POP 广告常见的形式如图 4-33、图 4-34 所示。

图 4-33　立地式 POP 广告（一）

图 4-34　立地式 POP 广告（二）

任务演练

1．任务目标

根据所学内容，设计一款 POP 广告。

2．任务内容

每人准备一张硬卡纸，颜色不限，针对你感兴趣的商品，结合所学内容，进行陈列式 POP 广告的设计制作。商品种类不做限制，可以是运动产品、日常用品、书籍等。

3．任务操作过程

教师给每人发放一张硬卡纸，可用水粉笔、水粉颜料在硬卡纸上制作，制作要求明确，字体清晰易读，整体醒目、新颖，力求美观。

4．任务成果

设计完成后，在班内进行设计成果展示。

任务 4.4　设计海报广告

任务导入

小美帮助朋友小安制作的 POP 广告得到设计总监的表扬，并鼓励她继续努力。同时，又交给小美一项重要的任务——制作海报广告。小美接到任务后，既高兴又为难，高兴的是因为设计总监对自己的工作给予了肯定，为难的是没有制作海报广告的经验。海报广告和其他广告的区别在哪儿？海报广告有什么独特之处？在制作时都有哪些设计要素？

任务分析

　　小美首先从梳理海报广告的基本知识开始，了解海报广告的由来、特点、设计要素，对海报广告有了初步掌握以后，通过分析海报广告的实例，汲取经典海报设计的精华，结合这次海报设计的主题，通过不懈的努力，最终交上了一张完美的答卷。

知识储备

4.4.1　海报广告的特点

　　"海报"一词含有通告、招贴的意思。在我国，海报这一名称最早起源于上海。上海人把职业性的戏剧演出称为"海"，把从事职业性戏剧的表演称为"下海"。也许是因为这个缘故，人们便把作为剧目演出信息宣传的张贴物叫作"海报"。

　　"海报"一词演变到现在，其范围已不仅仅是职业性戏剧演出的专用海报了。更多的是指面向广大群众报道或介绍有关戏剧、电影、体育比赛、文艺演出、报告会等消息的招贴，有的还加以美术设计。海报广告作为广告的一种形式，具有向群众介绍某一物体、事件的特性。海报广告相比其他广告具有画面大、内容广泛、艺术表现力丰富、远视效果强烈等特点，具体包括以下三个方面。

　　1. 画面尺寸大，艺术性高

　　海报广告张贴于公共场所，会受到周围环境和各种因素的干扰，因此必须以震撼的大画面及突出的形象和色彩展现在人们面前。其画面尺寸包括全开、对开、长三开及特大画面（八张全开）等。

　　就海报广告的整体而言，它包括商业海报广告和非商业海报广告两大类。其中，商业海报广告的表现形式以具有艺术表现力的摄影、造型写实的绘画或漫画形式表现为主，给消费者留下真实感人的画面和富有幽默情趣的感受。非商业广告内容广泛、形式多样，艺术表现力丰富。特别是文化艺术类的海报广告，根据广告主题可以充分发挥想象力，尽情施展艺术手段。许多追求形式美感的画家都积极投身到海报广告的设计中，并且在设计中展现自己的绘画特点，设计出风格各异、形式多样的海报广告。

　　2. 视觉刺激强，远视效果好

　　为了使来去匆忙的人们留下视觉印象，除了尺寸大，招贴设计还要充分体现定位设计的原理。以突出的商标、标志、标题、图形，或对比强烈的色彩，或大面积的空白，或简练的视觉流程使海报广告成为视觉焦点。

　　3. 广告成本低，持续时间长

　　海报广告一般最少招贴24小时，会长时间暴露于观看者的视野中，在产品的介绍、品牌的打造、品牌标志的识别建设中，是其他广告媒体极好的补充。为了达到理想的曝光效果和出现在观看者眼中的频次，海报广告可以在同一位置、不同时刻长时间地展示。同时，海报广告的制作成本低廉也是其他广告所不能比拟的，如果根据海报广告摆放位置的人流量来计算成本，海报广告的成本是较低的。

4.4.2　制作海报广告

海报广告属于户外广告的一种，分布在各街道、影剧院、展览会、商业闹区等公共场所。那么，如何来设计制作海报广告呢？

1．海报广告设计要求

（1）明确主题。这是设计海报的第一步，只有先确定好主题是什么，才能知道这张海报广告的设计目的是什么和目标受众是谁。设计可以采用具有吸引力的宣传用语，突出主题，适当弱化公司名称和标识。

（2）设计要符合阅读习惯，突出重点文字。要想使设计的海报广告，既能让目标受众接受，又能给他们留下深刻的印象，就需要符合顾客的阅读方式，颜色不宜过度夸张，努力营造愉悦、舒服的感观，在重点的地方要有突出的文字和相应的画面，用最短的时间激发顾客想去观看或购买的欲望。

（3）信息数量要平衡。每张海报广告公布的信息数量不要过多，可以介绍一种产品，也可以介绍一系列产品，但要突出产品特色，图文并茂，在空间的利用上注意留空，给图片和文字留有呼吸的空间，给读者休息的空间。

2．海报广告构图的技巧

海报广告构图的技巧，除色彩对比运用的技巧需要借鉴掌握以外，还需要考虑几种对比关系，如构图技巧中的远近对比、疏密对比、静动对比、中西对比及古今对比等。

（1）构图技巧的远近对比。在国画山水的构图中讲究近景、中景、远景，而在海报广告的设计中，也应分别出近、中、远几种画面的构图层次。所谓近，就是一个画面中最抢眼的那部分图案，也叫第一视觉冲击力，这个最抢眼的图案就是该海报广告中要表达的最重要的内容；再次是中，表述海报广告宣传物的产品照片；再往后是远，即辅助性的企业吉祥物、广告语、性能说明和企业标志等，这种明显的层次感叫视觉的三步法则，它在兼顾人们审视一个静物画面习惯中，从上至下、从左至右依次凸显出最要表达的主题部分。作为设计者在创作海报广告画面之始，就应该弄明白诉求的主题，营造一个众星托月的氛围，从而使设计的画面拥有强大的磁力，紧紧地把消费者的视线拉过来。图 4-35 所示是某品牌香草冰激凌，搭配上巧克力碎粒，乍一看，如同白云间高耸的一座座冰山，仔细看才发现是冰激凌的平面。图 4-36 所示是某品牌的大杯咖啡广告，运用了远近对比的技巧，产生了视觉上的层次感，犹如海天相接。

图 4-35　冰激凌海报广告

图 4-36　咖啡海报广告

（2）构图技巧的疏密对比。构图技巧的疏密对比和色彩使用的繁简对比很相似，即图案中该集中的地方伴有扩散的陪衬，不宜都集中或都扩散，体现一种疏密协调、节奏分明、有张有弛、显示空灵的境界，同时也不失主题突出。如图 4-37 所示，可口可乐的海报广告就是运用了疏密对比。在现实中，也有一些广告海报设计把整个画面设计得密密麻麻、花花绿绿，从背景图案到主题图案全是很沉重的颜色，让人感到压抑甚至喘不过气来，这样不仅起不到美化产品、促进销售的目的，反而让人产生厌倦而缺少购买欲望，这就是没把握住疏密对比造成的。

图 4-37　可口可乐的海报广告

（3）构图技巧中的静动对比。在一种广告图案中，我们往往会发现这样的现象：在一款海报广告中主题名称、背景或周边的爆炸性图案处，看上去漫不经心，实则是故意涂抹的几笔疯狂的粗线条，或飘带形的文字或图案等，无不表现出一种"动态"的感觉，这种场面便是静和动的对比。这种对比避免了动态的花哨和静态的死板，所以视觉效果舒服，符合人们的正常审美心理。图 4-38 所示是一则保护野生动物的海报广告，设计者运用了构图技巧中的动静对比，展现海报广告的艺术效果。

图 4-38   保护野生动物的海报广告

（4）构图技巧中的中西对比。这种对比往往在海报广告设计的画面中，利用西洋画的卡通手法和中国传统手法的结合；或者中国汉字艺术与英文文字的有机结合；或者在画面上直接以写实的手法把西方人的照片或某个画面突出表现在广告图案上。这种表现形式是一种常见的借鉴方法，在儿童用品、女式袜、服装或化妆品的海报广告中频繁出现，如图 4-39 所示。

图 4-39   中西对比的海报广告

（5）构图技巧的古今对比。既有洋为中用，也有古为今用，特别是人们为了体现一种文化品位，表现在海报广告设计构图上常常运用古代的经典纹饰、书法、人物、图案等。这在一些传统产品的包装上体现得最为明显，例如，红楼梦十二金钗仕女图酒、太白酒以及食品方面的中秋月饼、元宵等，都是从这些方面体现和挖掘内涵的。另外，还有一些化妆品及生活用品的高级礼品盒，其纹饰与图案也是从古典文化中寻找嫁接过来的，这样能给人一种古色古香、典雅内蕴的追寻，这种设计很受消费者欢迎。如图 4-40 所示，某品牌饼干运用了中国古老的皇家元素与现代的饼干进行了古今对比。

(a)   (b)

图 4-40 古今对比海报广告

4.4.3 海报广告实例

海报广告的形式是千变万化的，按其所属的领域不同，大致可以分为商业海报广告、文化海报广告、电影海报广告、人文社科海报广告、游戏海报广告和公益海报广告等；按其所展示的位置和用途不同，可分为店内海报广告、招商海报广告、展览海报广告等。下面从广告展示的位置和用途不同的角度，介绍三种有代表性的海报广告实例。

1. 店内海报广告

店内海报广告通常应用于营业店面内，做店内装饰和宣传用途。店内海报广告的设计需要考虑店内的整体风格、色调及营业的内容，力求与环境相融。店内海报广告的优点：首先，有利于营造卖点气氛；其次，当商场中有多家企业的产品时，好的店内海报广告能帮助企业的产品脱颖而出；最后，设计别致、独特的店内海报广告很容易吸引消费者注意力，并引起消费者对企业和产品的好感。其缺点是店内海报广告对设计的要求较高，同类企业的竞争较为激烈。

2. 招商海报广告

招商海报广告通常以商业宣传为目的，采用引人注目的视觉效果达到宣传某种商品或服务的目的，如图 4-41 所示。招商海报广告的设计应明确其商业主题，同时在文案的应用上要注意突出重点，不宜太花哨。其优点是目标明确，能一目了然地看出招商海报广告给谁看，做什么；简洁明快，形象性强。其缺点是功能单一，只有单一的用途。

(a)

(b)

图 4-41   招商海报广告

3. 展览海报广告

展览海报广告主要用于展览会、电影、歌舞晚会、戏剧晚会等的宣传，它具有传播信息的作用，涉及内容广泛，艺术表现力丰富，视觉冲击力强，如图 4-42 所示。其优点是：展览海报广告的信息达到率和曝光频次较高，能更好地帮助消费者记住海报信息。同时具有突出品牌和企业的特点，有助于提升企业和品牌知名度。其缺点是：用途单一；对设计海报者的要求较高，必须具有一定的文化底蕴和内涵。

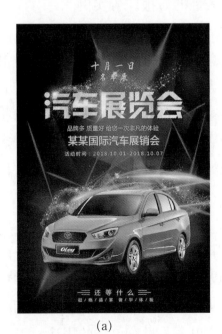
(a)

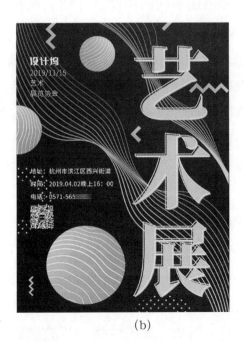
(b)

图 4-42   展览海报广告

任务演练

1. 任务目标

根据所学的海报广告知识，自选主题设计一款海报广告。

2. 任务内容

以小组为单位，以团队协作的方式制作一款海报广告。

3. 任务操作过程

（1）将全班同学每4~6人分为一组，选出小组负责人，教师说明任务内容和成果要求。

（2）分组制作海报广告，利用头脑风暴法进行交流，明确海报广告的主题，小组成员都要参与到海报设计中，注重运用海报的构图手法。

（3）分小组完成海报广告设计任务，制作完成后在班内进行展示。

4. 任务成果

各小组在班内进行海报展示，各小组代表对本小组海报主题的寓意进行讲解。

思考与练习

一、单项选择题

1. 与其他印刷广告相比，杂志广告的特点是（　　　）。

A.消费指引性　　　　　　　　　　B.广告排版灵活多变

C.有着明确的读者群，选择性强　　D.传播范围广、速度快

2. POP广告的功能是（　　　）。

A.信息时效功能　　　　　　　　　B.唤起消费者潜在购买意识

C.形象提升功能　　　　　　　　　D.消费指引功能

3. 与杂志广告相比，海报广告的特点是（　　　）。

A.易给读者留下持久深刻的印象　　B.有着明确的读者群，选择性强

C.画面尺寸大，艺术性高　　　　　D.创作形式多种多样

4. 关于海报广告设计步骤，正确的排序是（　　　）。

①明确主题。②设计符合阅读习惯，重点文字突出。③信息数量要平衡。

A.①②③　　　　B.③①②　　　　C.②③①　　　　D.③②①

5. 属于橱窗POP广告的分类的是（　　　）。

A.特写橱窗POP广告　　　　　　　B.招牌橱窗POP广告

C.悬吊橱窗POP广告　　　　　　　D.立地橱窗POP广告

二、多项选择题

1. 报纸广告的特点有（   ）。

A. 传播范围广、速度快   B. 读者广泛而稳定

C. 广告排版灵活多变   D. 画面尺寸大，艺术性高

2. 报纸广告的版面设计有（   ）。

A. 报眼广告   B. 报花广告   C. 半通栏广告   D. 单通栏广告

E. 双通栏广告   F. 半版广告   G. 整版广告

3. 杂志广告的构图形式有（   ）。

A. 展板式构图   B. 叠压式构图   C. 多系列式构图   D. 单一式构图

4. 属于海报广告构图技巧的有（   ）。

A. 构图技巧的中西对比   B. 构图技巧的远近对比

C. 构图技巧的疏密对比   D. 构图技巧中的静动对比

5. POP 广告制作的基本原则包括（   ）。

A. 创作形式多种多样   B. 针对性与趣味性相结合原则

C. 简洁明了性与艺术性相结合原则   D. 突出主题性原则

三、判断题

1. 跨版广告一般可分为 500 mm×350 mm 和 340 mm×235 mm 两种类型。   （   ）

2. 利用 POP 广告特殊的编排、剪裁，可以使读者有不一样的体验。   （   ）

3. 消费者对标题的阅读力是正文的 5 倍，标题没有设计好，等于浪费了广告主80%的广告费。   （   ）

4. 在我国，"海报"这一名称最早起源于上海。   （   ）

5. 报纸广告一般都由三部分组成，一是文字，称之为文案；二是文字与图案的搭配，称之为画面；三是构成，称之为版面。   （   ）

四、简答题

1. 制作报纸广告都需要进行哪几方面的设计？

2. 杂志广告的特点有哪些？

五、实操题

请以"曲声泉韵"为主题，按照 POP 广告的基本原则，为"大明湖冰激凌"（见图 4-43）设计一款 POP 广告。

图 4-43　大明湖冰激凌

参考答案

项目 5　制作电子类广告

掌握电视广告的优缺点；

掌握广播广告的优缺点；

了解电视广告的组成要素；

能够独立完成广告策划及创意；

学会制作电视广告、广播广告；

具备敏锐的广告鉴赏能力，形成创新思维。

　思维导图

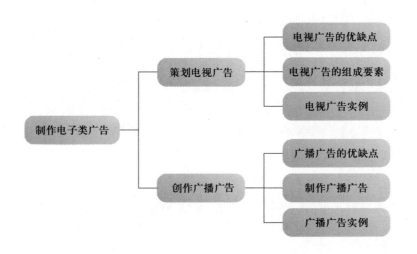

任务 5.1　策划电视广告

　任务导入

小美在印刷广告设计岗位的工作表现十分优秀，一天，公司接到一个广告大单，某公司新一季的产品上市，需要进行大力宣传。小美认为该新产品采用电视广告效果最好，建议投放大量的电视广告来吸引目标顾客，在她上交广告宣传策划案后，设计部总监找她进行了交

流，问了她三个问题：

1. 为什么觉得电视广告的效果最好？

2. 公司的新产品可选择的电视媒介价格、受众、效果如何？

3. 对新产品的电视广告创意有什么想法？

如果你是小美，在上交广告宣传计划前，能否对以上问题进行认真的思考分析，给出让总监满意的回答？

总监的问题，实际上是设计广告之前就应该明确的。小美在了解了电视广告的特点，知晓电视广告的优势和劣势后，通过分析电视广告的组成要素，借鉴成功的广告实例，最终交出了让总监满意的广告宣传计划。

5.1.1　电视广告的优缺点

电视广告是一种经由电视传播的广告形式，将视觉和听觉综合起来，利用语言、声音、文字、形象、动作、表演等综合手段进行传播的信息传播方式。电视广告充分运用各种艺术手法，能最直观、最形象地传递产品信息，具有极强的表现力和感染力，因此被广泛用于企业形象宣传和产品推广，具有广泛、深入的社会接受度。

1. 电视广告的优点

电视广告作为四大传统媒体中发展最迅速、应用最广泛的一种，具有以下优点。

（1）受众广泛、覆盖面广。电视广告通过图形、影像、音乐等多种方法传递广告信息，因而不受年龄、性别、职业、文化程度的限制，拥有广泛而稳定的受众群体。电视在我国普及率高、信号覆盖率广，信息输出稳定，不受空间的限制，受众在家即可了解世界各地的信息。

（2）视听兼备、表现力强。电视内容丰富多彩，表现手法繁多，有较强的艺术性。电视广告充分利用了电视媒体的优势，将广告信息融入让受众感兴趣的情节中，并通过清晰的画面、优美的音乐、独特的技巧，冲击广告受众的视觉和听觉，具有极强的表现力和感染力。

（3）传播迅速、到达率高。电视广告依靠电波传送信号，因此信息发送与接收同步，传播速度快，信息发布及时，可信度高。广告受众是广告信息的被动接收者，在观看电视节目的同时往往被强制推送广告信息，有较高的到达率。

（4）注意力高、渗透性强。电视广告有声有形，传播符号丰富，能够生动、直观地把产品信息传递给广告受众，容易吸引受众的注意力，不易受到外界因素的干扰。电视广告内容丰富，贴近人心，很容易引起受众的情感共鸣，心理渗透性强。

2. 电视广告的缺点

电视广告在众多广告媒体中有一定优势，传播效果突出，但是广告主在选择电视广告媒体时会面临以下问题。

（1）时效性短。电视广告是极为短暂的广告形式，一般不超过 30 秒，稍纵即逝，信息时效性短，很难在广告受众心目中留下深刻印象。

（2）信息有限。电视广告受时长限制，传播的信息量有限，很难将品牌诉求内容全面地展示出来，而且电视广告的审核机制严格，对广告内容的要求较高。

（3）费用昂贵。电视广告制作工序复杂，成片周期长，电视媒体播出费用昂贵。

（4）受众抵触。近年来，电视媒体的竞争激烈，电视台众多，造成电视广告的受众分流，受众在收看电视时，被动接收广告信息，容易引起受众的抵触心理，影响广告效果。

5.1.2　电视广告的组成要素

随着视听技术不断的发展，电视广告的组成要素要比纸质媒介丰富得多，声音配合画面，音频和视频的完美结合使电视广告更能吸引广告受众的关注。画面、音乐和语声三大要素相互协调，构成了完整的广告作品，共同为电视广告取得传播效能发挥独特的作用。

1. 画面

画面是电视广告最独特、最重要的组成元素，电视是视听工具，直观的视觉体验是其最大的优势。画面是呈现在电视屏幕上的具体、动态的影像，是以色彩、形体、线条和运动为主构成的视觉形象。电视广告的"画面"是对画面所有内含物的一个统称。实际上，它包含了构成画面内容的诸多视觉元素，主要有以下几种。

（1）演员。很多电视广告中都有演员，他们充当了电视广告的表演者，在信息传达中承担着重要的角色，恰当地选择广告演员可以增加广告的关注度和好感度，从而提升广告效果。

（2）商品。商品是电视广告的主角，商品的展示和呈现方式、商品功能的表达和体现都是广告画面的重要内容，是企业向广告受众传达的主要信息。

（3）道具。在特定的表演场景中，演员表演时实际使用的除广告商品外的所有其他物品，都可以归为道具的范畴。道具虽然不是主要的画面信息，但制作精美而有创意的道具，有利于提升电视广告的画面质量。

（4）环境。环境是经过事先精心选择的实景、自然景或由创作人员特别设计、搭置的人工场景，它能交代广告情节发生的地点与情境，并支持广告信息，起着衬托主体信息的作用。

（5）文字。电视广告的文字主要以字幕的形式表现出来，常用来注释、补充或强调台前演员和幕后解说正在表达的中心信息，起到画面构图并美化画面的辅助作用。

（6）色彩。色彩在塑造广告情调和氛围方面有独特的优势，具有心理和情感方面的特殊含义，既能吸引广告受众的视线，又能传达心理和情感方面的深度信息，引起受众的共鸣。

2．音乐

电视广告中，除语声以外的一切声音元素都属于音响或音乐的范畴。大多数电视广告含有某种形式的音响或音乐，它们与画面的中心内容协调配合，起着情感渲染、塑造氛围、体现真实感、提高广告的欣赏价值和艺术品位的作用。

电视广告的音响和音乐以画面为依据。音响与画面的关系是非常紧密的，许多音响都可以在画面中直接或间接地找出它的音源。在电视广告中，音响和音乐的运用应遵循以下原则。

（1）使用贴切、表现艺术。电视广告中的音响和音乐应当以画面为中心，贴合广告的主题，在适当的时机使用好广告音效，以有艺术感的音乐烘托气氛，可以淡化广告的商业味道，更容易打动广告受众。

（2）优美逼真、讲求质量。在电视广告中使用音响或音乐，目的是追求更好的广告效果，因此，广告的音效应该优美逼真，保证音效的质量，避免粗制滥造，变成噪声，引起广告受众的厌恶情绪，反而影响广告效果。

（3）通俗易懂、简短精练。通俗易懂的广告音乐能减少听者的抗拒，让广告受众接受并传播，潜移默化地形成音乐和商品的对应关系。电视广告时长有限，这也限制了广告音乐的时间，因此要在最短的时间将音乐的表现力发挥到极致，使其在丰富的视觉和听觉元素中脱颖而出，形成强烈的听觉冲击力。

3．语声

电视广告的语声，主要是指画面中人物的台词、独白和解说员的播音或旁白这两种形式传递的声音。

由于画面有强大的表现力，语声的作用虽然不及画面的作用，但它的独特性仍是不可替代的。电视画面有无法传达的事物，尤其是要表达无形的感觉、体验等这些无法画面化的事物变化与思想情感，都必须靠声音来传达。因此，电视广告中离不开有声语言。语声表情达意最为直接明确，容易理解。电视广告的语声必须与它的画面紧密结合，所有语声的出现都必有其画面上的依据，这就对电视广告的语声提出以下要求。

（1）语言浅显易懂，表达准确。电视广告中的人物语言的设计应当尽量浅显，让广告受众容易听懂，不要使用晦涩难懂的书面化语言，旁白应尽量简练、表达清晰、用词准确、避免歧义。

（2）符合人物特点，真实自然。在设计人物台词或旁白时，首先要做到的就是融入角色，符合广告人物性格特点，这样才能赢得受众的好感。不要为了追求广告效果，将商业化、夸大的信息设计进广告人物的对白中，让广告角色脱离现实。

（3）推动情节发展，逻辑清晰。广告中的对白和旁白主要是配合广告画面来传播广告信息，起到解释提升、补充配合的作用，因此在设计时应围绕广告情节的需要，推动情节的发展。同时，广告中的语言应符合广告受众的思维规律，逻辑清晰，能让受众很容易就理解广告情节的设计和思路。

5.1.3 电视广告实例

优秀的电视广告能让广告受众了解企业产品、企业理念，树立良好的企业形象，具有广泛、深入的社会接受度。下面以四个广告实例进行介绍。

1. 案例——"脑白金　年轻态　健康品"

脑白金系列电视广告是诉求单一广告的代表之一。

产品一般都有许多卖点和购买理由，但在传播信息的过程中，诉求越多，信息就会越分散。电视广告的时间有限，广告主需要利用最短的时间让广告受众接收主要的广告信息，因此，好的电视广告会选择一个主要的诉求点，不断强调这一诉求，让广告受众产生深刻的印象。"脑白金"在 20 多年的电视广告中，不论广告内容如何变化，每一阶段的广告都只传递一个诉求点，从最初的"馈赠佳品"到"改善睡眠""改善肠胃"，再到"年轻态、健康品"。单一的诉求点，让广告受众只要提到其中任何一句广告语，就能联想到"脑白金"的产品。

2. 案例——"士力架　横扫饥饿　做回自己"

士力架的电视广告是趣味性强的广告代表之一。

电视广告的趣味性是最容易让广告受众接受的特点，围绕产品挖掘有趣的创意点，使广告更能吸引受众的注意力，留下深刻印象。"士力架"——唐僧篇：在龙舟比赛中，从开始的软弱无力形象，到吃过士力架后变身干劲十足的勇猛形象，唐僧的慢条斯理和队友的心急如焚形成鲜明的对比，诙谐搞笑的情节让广告受众感到轻松有趣的同时，也深深记住了士力架的产品特点"横扫饥饿　做回自己"。

3. 案例——"小人国奇幻之旅　OPPO 手机"

OPPO 手机电视广告是冲击力强的广告代表之一。

在这个充斥各类广告的时代，观众每天接收大量的广告信息。优秀的电视广告可以在最短的时间内，将受众的注意力集中到电视广告中来，能让观众眼前一亮，产生很强的视觉和听觉冲击力。OPPO 手机广告中，用如影视大片般的视觉效果，展现了男主角在小人国的经历。唯美的画面、人物的对比、动人的背景音乐、文艺的广告文案，使这则广告对受众来说是一种视觉的享受，色彩和画面都有很强的视觉冲击力。

4. 案例——《父亲的旅程》公益广告

《父亲的旅程》公益广告是情感共鸣广告的代表之一。

这是一个情感消费的时代，情感营销成为销售利器，消费者开始追求一种感情上和心理上的满足。电视广告如果能打好感情牌，触动广告受众内心深处的敏感思绪，品牌的形象也会随之烙印在受众的心中。公益广告《父亲的旅程》讲述的是独居在深山乡村的父亲，春节进城看望打工儿子的故事。老父亲一路跋涉，最终因为误抄电话号码而无法找到儿子。广告最后父子见面、父亲抚摸儿子面颊的那一瞬间，隐藏在男人刚毅外表下的父子亲情相信戳中了无数人的泪点。"父爱无声，胜有声"的情感直击心灵，很容易让广告受众产生自我联想，引起情感上的共鸣。

任务演练

1．任务目标

了解电视广告的组成要素。

2．任务内容

以小组为单位观看《三分钟》电视广告，从电视广告的组成要素角度分析这则广告的创意及内容。

3．任务操作过程

（1）将全班同学每4~6人分为一组，选出组长，教师说明任务内容及要求。

（2）分组讨论，根据所学知识分析这则广告的创意和内容。

（3）分小组完成"电视广告组成要素分析表"，各小组选派代表阐述本组观点。

（4）教师总结及点评。

4．任务成果

完成电视广告组成要素分析表（见表5-1）。

表 5-1　电视广告组成要素分析

广告名称《三分钟》	画面	
	音响	
	语声	

任务 5.2 创作广播广告

任务导入

广告设计部接到了一项新的任务：为一家超市在店庆期间设计一次促销活动。小美和一名老员工提出了截然不同的广告宣传方案，小美认为电视广告效果最好，应该在本地主要电视台投放店庆促销广告；老员工认为电视广告价格太高，广播广告更适合这家超市。请帮小美分析一下，这家超市适合在哪种媒体投放广告。

任务分析

媒体的选择要根据企业自身的经济实力和宣传需求来确定，广告主是一家超市，财力有限，通过了解广播广告的特点和制作方法，对比前面所掌握的电视广告知识，小美意识到广播广告更适合这家超市。

知识储备

5.2.1 广播广告的优缺点

广播是一种声音媒体，它通过无线电波向大众传播信息。广播广告是把企业产品或服务信息转变成声音，通过语言、音乐、音响相结合的听觉元素，借助电台电波传递给广告受众的媒体形式。

1. 广播广告的优点

（1）受众明确、覆盖面广。广播广告一般有稳定的受众群体，广播节目可以覆盖不同年龄、不同层次、不同需求的听众群体，广告主可以根据自身情况选择在恰当的时段和节目中播出广告，这样有针对性的选择，能比较准确地将广告信息送达目标受众。而且，广播不易受到时间、场所、位置的影响，只要无线电波覆盖到的地方都可以收听，因此，广播广告的覆盖范围十分广泛。

（2）制作简单、费用低廉。广播广告的制作不需要很多的道具、设备、演员，对后期影音制作也没有过多的要求，因此制作周期较短，制作成本低廉。同时，较电视广告而言，广播媒体的播出费用要低得多，是一种传播效果好、投放回报高的广告媒体。

（3）传播迅速、播出灵活。广播节目以直播居多，信息传播迅速及时，节目形式可以根据需要随时做调整，也可以插播各类信息，灵活性强。广播广告可以借助电台节目主持人的语言加大宣传力度，重复播出广告信息，加深广告受众的印象。

2．广播广告的缺点

广播广告虽然有很多优点，但广播广告的投放效果会受到很多因素的影响，主要有以下几个方面。

（1）有声无形。相比图形，人脑对于声音的接受和感知能力有明显的差距，听觉记忆远不如视觉记忆深刻。因此，广播广告缺少画面的支持，无法将声音所描述的广告内容形象化、具体化，给受众留存的记忆非常短暂。

（2）信息量少。广播广告受到节目内容的限制，单则广告时间短，信息转瞬即逝，信息传递不完整，不适合播出复杂的广告信息。通常，广播广告会反复播出同样内容的广告信息，以加深听众的印象。

（3）受众减少。随着电视、互联网等丰富的信息传播途径的产生和推广，广播作为传统广告媒体受到了很大的冲击，收听广播的听众在不断减少，年龄结构和受众分布不均衡，使广告信息无法准确有效地到达受众。另外，广播收听率高的节目往往集中在一些特定时段，会造成优秀广告资源的激烈竞争。

5.2.2　制作广播广告

广播自身技术的革新给广播广告带来了巨大的推动力，广播可以突破时间、空间上的限制，将信息即时传播出去；广播还可以实现双向的信息交流，给听众以直接参与的机会。广播广告的制作较电视广告要简单得多，广播广告的制作主要依赖于声音，因此，广播广告对声音的运用有着特殊的要求。

1．广播广告的制作技巧

（1）音乐的运用。在广播广告中，音乐可以起到引起受众兴趣、渲染广告气氛的作用。它通过旋律和节奏来传情达意，广播广告中悦耳动听的、与语言的节奏和谐一致的音乐，能引起听众的情感共鸣，消除与听众之间的心理距离。音乐的选择要围绕广告主题，避免音乐设计过于复杂、喧宾夺主，避免将受众的注意力吸引到音乐上，影响广告传播的效果。

（2）音响的选择。音响指的是除有声语言和音乐之外的各种声音，由于广播广告没有画面，很多场景和情景需要依靠音响效果进行模拟。音响可以创造一个声音环境，叙述表现一个事件，能让人产生一种视觉联想化。音响效果必须清晰、悦耳、尽量逼真，增强广告的真实感，让受众在听到声音就能在脑海中形成相应的画面感。

（3）人声的塑造。广播广告的信息主要依靠语言传播，语言是广播广告中传达广告信息的主要工具和手段，也是广告受众辨别、接收信息的唯一途径。因此，广告中的语言应清晰、准确、简明，语速适中，尽量口语化，增强语言的亲和力，拉近与受众的距离。

2．广播广告的制作程序

（1）创意设计阶段。广告创意是广告的灵魂，优秀的广告创意能让广告产品形象化，提升广告效果。因此，在广告制作之初，首先要确定广告主题、提出广告创意，并根据广告主题和创意的框架，确定广告的形式，编写广告脚本，选择电台、播出节目及播出时间。

（2）资源准备阶段。为了更好地实现广告主题和广告创意，必须要选择合适的播音员或演员，有感染力、号召力的播音员或演员会让广告对受众的吸引力大大增加。选定播音员或演员后，将广告脚本中的音乐、音响素材准备完毕，就可以确定录制及后期制作人员，进行下一步录制。

（3）正式录制阶段。广告在录制过程中，要经过多次录制前彩排，实地录制，会根据现场实际情况不断进行广告脚本的调整、演员的磨合，进行反复推敲，力求广告效果最佳。

（4）后期制作阶段。现阶段的广告作品都会反复录制，选取表现力最佳的素材，因此后期的制作会让广告自然、连贯，随之加入的音效会让广告更有冲击力，录制结束后有专业的影视后期人员将录音、音乐、音响进行合成，并在播出后进行效果评测。

5.2.3　广播广告实例

随着媒体种类越来越多，广播作为一种纯声音媒体，受到来自互联网等新兴媒体的冲击。但在传统媒体中，广播仍有着一批忠诚而稳定的受众群体，在主流广告媒体中占有一席之地，而创意新颖的广播广告文案仍能给广告主带来不错的广告效果和投资回报。下面以四个广播广告实例进行介绍。

1. 案例——"××奥林匹克花园广播广告"

"××奥林匹克花园广播广告"是对话式广播广告的代表之一。对话式广播广告是通过两个或两个以上人物的相互交谈，将广告信息内容介绍出来的一种方式。这种形式传递的信息比较全面，文案中一问一答的对话，通俗易懂的口语语言，将产品的主要卖点展示出来，这种对话式广告更贴近人们的日常生活场景，配合音乐和音响的烘托，能创造特定的情绪和氛围，吸引广告受众的注意力，激发其强烈的兴趣。

《××奥林匹克花园广播广告文案》

（放学篇）

放学铃声响起，小学生们拥出教室。

男生：班长！明天星期六，我们去你家玩好吗？

班长男生（为难地）：我家没什么好玩的……

女生：不如到我家去，那里有大泳池、攀岩馆、乒乓球馆，还有武术学校。我们还能与奥运冠军交手呢……

男生：哇！那是什么地方啊？

女生：××奥林匹克花园，运动就在家门口。

众：Yeah！我们一齐去××奥林匹克花园！

（周六篇）

女童：妈咪，今天我要去冬冬家里玩，那里好漂亮啊！上星期老师带我们去那里学游泳，还有武术学校、国际乒乓球学校……

　　妈妈：囡囡，你还想去 ×× 奥林匹克花园？

　　女童：妈咪，我们一起去，爸爸也要去。

　　爸爸：囡囡，我们还要做冬冬家的邻居呢！

　　一家同声（女童略快）：×× 奥林匹克花园，运动就在家门口！

　　2. 案例——"塞罕坝酒广告"

　　"塞罕坝酒广告"是故事式广播广告的代表之一。故事式广播广告是通过精心构思的小故事或情节片段，来传递广告信息。通过播音员生动的语言，讲述一个引人入胜的故事，在受众听故事的同时，潜移默化地将广告信息传递出去。塞罕坝酒广告用荡气回肠的音乐和气势磅礴的声音，将古时皇家狩猎的场面形象地展示在受众脑海中，使广告产品给人历史传承、品质出众的印象。

　　塞罕坝酒广告文案如下：

　　（音乐起：出征曲＋马蹄声）

　　公元 1681 年，塞罕坝被清康熙皇帝辟为木兰围场，"塞罕坝"蒙语的意思是美丽的高原。清代康熙、乾隆、嘉庆三代皇帝每年率八旗劲旅在这里举行盛大的木兰秋狩，以此狩猎活动来训练八旗士卒，加强战备。"猎士五更行，千骑列云涯"的壮观场面一直持续了 140 余年，塞罕坝的八旗烈酒一直相伴猎手左右。

　　酒壮英雄胆，名扬紫塞，

　　盛世出佳酿，八旗猎酒——塞罕坝

　　3. 案例——"老村长酒广告"

　　"老村长酒广告"是幽默式广播广告的代表之一。幽默式广告用诙谐的语言、明快的语调，在轻松愉快的氛围下将广告信息传递给受众。文案中二人转的唱腔和小品化的语言，引人注意的开头，会让广告受众很快从伴听状态转为认真收听状态，音乐和人声相结合，配合夸张的语音语调，很容易让受众在脑海中勾画出一对小夫妻，开开心心地回娘家拜年的画面。演员台词的设计富有幽默感，让受众的心情轻松，更容易接受广告中传递的产品信息。

　　老村长酒广告文案如下：

　　（二人转《小拜年》音乐起）

　　男：翠儿，快走啊，给你爹拜年去！

　　女：这不是来了嘛。

　　（唱）

　　男：正月里来是新年儿啊！

　　女：姑爷去给丈人拜年啊……

　　男：别唱了。

女：咋的了？

男：光说拜年也得带点啥呀？

女：带老村长！

男：啥？带我爹！

女：一提老村长，就寻思你爹，我说的是老村长酒！

男：那不行啊，老村长酒便宜喽，拿不出手！

女：我爹说了，他喝过多少种酒，顶数老村长酒好。粮食酒不伤人，口味正、不上头，还便宜。你要是带老村长酒，我爹准高兴。

男：那咱就买两瓶……

女：啥？

男：四瓶……

女：嗯？

男：八瓶，八瓶老村长酒。

（唱）

男：左一瓶呀，右一瓶。

女：都是那个老村长酒，哎呀都是那个老村长酒。

（旁白）

老村长酒，你也来两口儿！

4. 案例——"燕之屋碗燕广告"

"燕之屋碗燕广告"是直述式广播广告的代表之一。广播广告时间很短，无关紧要的话容易使听众的注意力转移。直述式广告是播音员或演员直接播报写好的广告词，这种方式是现在广播广告中最基本的表现形式，可以充分发挥语言的感染力和播音员的语言技巧，巧妙重复产品信息，以加强听众的记忆。这则广告简短的几句话，直接清晰地传递了产品的卖点，结尾处反复强调品牌和产品，在受众心中留下深刻印象。

燕之屋碗燕广告文案如下：

（男声独白）

燕之屋，专注燕窝 19 年，创新推出精炖即食的好燕窝，碗燕，开碗即可享用。

燕之屋碗燕，精选马来西亚金丝燕燕窝，纯化水清洗，去除杂质，食用安心。

燕之屋碗燕，科学蒸碗技术，让每一碗燕窝充分释放营养。

燕之屋碗燕，开碗就能吃的好燕窝。（重复两遍）

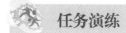 **任务演练**

1．任务目标

了解广播广告的制作技巧。

2．任务内容

以小组为单位收集优秀的广播广告文案，分析这些文案在音乐、音响、人声的运用上有何可取之处。

3．任务操作过程

（1）将全班同学每4~6人分为一组，选出组长，由教师发布任务，提出要求。

（2）各小组利用课后时间上网收集优秀广告文案，结合所学知识进行分析。

（3）各小组在课堂上分享本组精选的广告文案，提出自己的看法。

（4）教师总结及点评。

4．任务成果

各小组根据课堂讨论和分析的情况，选择其中一则广播广告文案，尝试表演该广告，录制音频文件，加深感受和体会。

思考与练习

一、单项选择题

1．在四大传统广告媒体中，效果最好的是（　　　）。

　　A.报纸　　　　　　B.杂志　　　　　　C.电视　　　　　　D.广播

2．在四大传统广告媒体中，灵活性最好的是（　　　）。

　　A.报纸　　　　　　B.杂志　　　　　　C.电视　　　　　　D.广播

3．不属于广播广告构成要素的是（　　　）。

　　A.人声　　　　　　B.音乐　　　　　　C.音响　　　　　　D.画面

4．在广播广告创意设计阶段，最先确定的应该是（　　　）。

　　A.广告主题　　　　　　　　　　　B.播出时间

　　C.播出电台　　　　　　　　　　　D.广告形式

5．对电视广告对白的要求，描述不正确的是（　　　）。

　　A.浅显易懂　　　　　　　　　　　B.表达准确

　　C.多用书面语言　　　　　　　　　D.推动情节发展

二、多项选择题

1. 电视广告的构成要素有（   ）。

   A. 画面   B. 音乐   C. 音响   D. 语声

2. 属于电视广告画面构成要素的有（   ）。

   A. 环境   B. 配乐   C. 色彩   D. 旁白

3. 广播广告的特点有（   ）。

   A. 制作简单   B. 价格低廉

   C. 传播迅速   D. 视听兼备

4. 电视广告和广播广告的时长一般有（   ）。

   A. 3 分钟   B. 60 秒   C. 30 秒   D. 15 秒

5. 不属于电视广告的特点的有（   ）。

   A. 视听兼备   B. 价格昂贵

   C. 时效性差   D. 随时插播

三、判断题

1. 电视广告的音乐声音越大，越能引起广告受众的注意。   （   ）

2. 电视广告中人物语言的设计应当尽量浅显，让广告受众容易听懂。   （   ）

3. 由于广播广告的时长有限，播音员的语速应该尽量快一点，这样能传递更多的商品信息。   （   ）

4. 直述式广告是现在广播广告中最基本的表现形式。   （   ）

5. 电视广告应当尽可能多地阐述产品的诉求点，这样能够兼顾到更多受众的喜好。

                                                                      （   ）

四、简答题

1. 简述广播广告制作的技巧。

2. 简述电视广告的优点和缺点。

3. 简述电视广告的组成要素。

五、案例分析题

《南方黑芝麻》电视广告从中国人"乐善好施"的角度，营造出温暖和谐的氛围，广受好评。上网搜索该广告，试从电视广告的组成要素角度分析，这则电视广告的画面、音乐及人物塑造有哪些成功之处。

参考答案

项目6　创建移动端互联网广告

学习目标

了解店铺引流广告的特点；

理解钻石展位和直通车广告的含义，掌握钻石展位和直通车广告的设计方法，能制作钻石展位和直通车广告；

掌握 SEO 搜索引擎关键词引流方法，能通过 SEO 搜索引擎关键词创设引流广告；

掌握新媒体广告引流推广，能设计微信和微博广告引流，能利用今日头条建立广告引流；

培养创新能力和创新思维，提高组织策划能力，具备自主探究学习的意识，培养团结协作的团队意识，具备遵纪守法意识，树立严谨认真的工作理念。

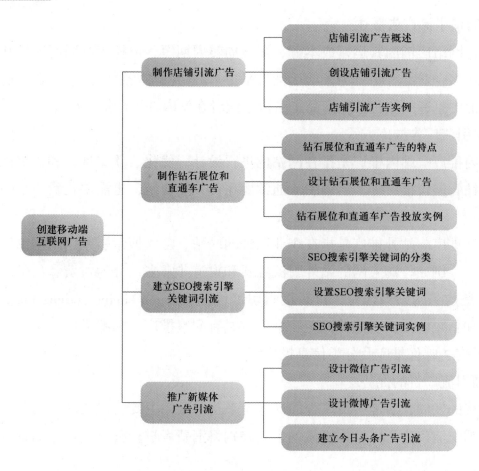

任务 6.1　制作店铺引流广告

 **任务导入**

　　妞妞时尚潮流女装是网上销量较好的一家经营女装的店铺，一个月后将是该店铺的一周年店庆日。妞妞时尚潮流女装找到创新广告公司，希望为他们的店庆设计一份促销活动策划书。在创新广告公司的活动策划会议上，总监分析了本次店庆的情况，布置了具体任务，要求广告设计部每人设计一份店铺促销的广告策划书，其中也包括小美。

任务分析

　　对于小美来说，要完成公司安排的周年庆活动广告策划任务有一定的难度，毕竟她是第一次接触网络广告策划。于是，小美与几位同事进行沟通，并向领导请教了店铺推广方面的方法和技巧。同时，小美还查阅了大量的书籍资料，学习了店铺引流广告的相关基础知识，最终写出了店庆策划书。

 知识储备

6.1.1　店铺引流广告概述

　　近几年，网络店铺因其运营成本低、资金周转周期短、依托于互联网容易开拓市场等优势，受到了很多企业的青睐。为了给店铺带来更多的精准消费群体流量，企业通常会根据用户特征在店铺中打造一些特色款商品来引流，或者在站内外进行推广引流。

　　1. 店铺引流广告推广方式

　　（1）站内推广。站内推广是指在网站内进行设计、优化、软文推广和付费推广等，如直通车推广、钻石展位推广等。店铺引流通常要花费一些费用，也需要花费一定的人力成本和时间成本。

　　（2）站外推广。站外推广是指在企业以外的网站、各大搜索引擎、网络论坛、微信及微博等进行推广。例如，淘宝网的站外引流方式和渠道非常多，分为付费和免费两种。一般付费推广可以是购买网站广告位，进行搜索引擎优化（search engine optimization，SEO）关键词引流投放和新媒体推广引流等。免费推广方式有问答推广、贴吧推广、文库推广、论坛推广、QQ 群推广、邮件推广及分类信息推广等。

　　2. 店铺引流广告的优势

　　随着时代的发展，店铺引流广告的优势越来越明显，主要表现在以下几个方面。

　　（1）店铺引流广告可以根据细微的个人差别将消费者进行分类，依据消费者的爱好及购买习惯分别传递不同的广告。

（2）店铺引流广告采取多样化互动的方式，把要传递的信息作为与受众"对话"的一部分层层传递，一旦消费者开始对起初的信息感兴趣，广告商就转向下一步骤，传递专门针对此类人的信息。

（3）店铺引流广告可以利用先进的虚拟现实界面设计来达到身临其境的感觉，给受众带来全新的体验。

3. 店铺引流广告的特点

（1）交互性强。交互性强是互联网的最大特点，不同于传统媒体信息的单向传播，而是信息的双向互动传播。用户可以通过广告获取他们想要的信息，卖家也可以随时获得消费者反馈的信息。从营销传播的角度来说，互联网上的互动式广告有两个基本特点：一是适应个人需求发布信息，二是广告受众可以自由选择信息。互动式广告允许不同的受众选择不同的广告信息，以此满足不同人群对信息的需求。

（2）传播范围广泛。广告的传递不受时空的限制。互联网可以把店铺广告信息全天不间断地传播到世界各地，为人们提供了一个全新的网上交流互动平台。只要能浏览互联网，任何人都可以随时随地阅读网络广告信息，这是传统媒体实现不了的。

（3）针对性强。广告的受众通常是年轻的、具有活力的、受教育程度高且购买力较强的群体，广告主可以通过数据的分析，有效地针对目标消费群体中最具购买潜质的消费者发布互联网广告。

（4）精确性强。传统媒体发布的广告，很难精确统计广告信息中目标受众的数量，而在互联网上，可以通过权威公正的访问统计系统，精确统计出每条广告信息的触达数量，也可以了解目标受众接触广告信息的时间和地域分布，从而使广告主能科学地评估广告效果。

（5）广告发布灵活，成本低。互联网广告是一种实时、灵活、低成本的广告形式。广告刊播在传统媒体上很难更改，而且通常费用比较昂贵。广告刊播在互联网上，根据市场的变化可以方便地调整营销策略，及时变更广告内容，使引流广告及时有效地服务于营销策略。

（6）表现形式多，实效性强。广告的载体基本上是多媒体、超文本格式文件，受众可以针对感兴趣的商品了解更多更详细的资料，这种以图、文、声、像等形式传递的多感官信息，能使目标受众有身临其境的感受，消费者能亲身体验商品和服务，并通过互联网进行订购、交易、结算，极大地增强了互联网广告的实效性。

6.1.2　创设店铺引流广告

一个互联网销售企业该如何去引流，创设店铺引流广告呢？

首先，要学会分析流量的来源，有针对性地创设店铺引流广告。

其次，通过前期分析的流量设计引流方案，选择适合自己的店铺引流方式展开推广。如果流量大多数来自网站内，可以选择站内店铺引流平台。如果站外流量更多的话，可以选择站外引流方式。而多数企业为了达到更好的宣传效果，往往会选择站内引流与站外引流相结合的方式推广。

下面来看一下创设店铺引流广告具体的方法。

1. 分析流量来源

根据企业的产品或项目，结合企业自身特点，分析面向的具体消费人群特点，对其进行精准定位，精准定位才能精准施策。例如，某女装店铺主要销售"小清新风格"女装，目标顾客往往都是 18~25 岁年龄段的女性，大多为学生或白领等年轻女性，这个年龄段群体相对热衷于网购，购买欲望和购买能力较强，注重个性，追求与众不同。

2. 设计引流方案

通过对购买人群的精准定位和分析，有针对性地设计引流方案，选择引流方式及平台，以吸引更多的消费者购买。

我们可以利用当下比较流行且受年轻女性喜爱的 App 发软文，如小红书、抖音、微博及今日头条等，也可以在淘宝网站利用直通车和钻石展位做引流广告，或通过各种搜索引擎加入 SEO 引流广告来吸引更多的客户。具体引流时要注意：每个平台的规则不同，引流时要根据平台特点及要求展开。

6.1.3 店铺引流广告实例

韩都衣舍是一家定位为"韩风快时尚"的服装电子商务公司，成立于 2008 年，旗下现有 70 个品牌，主要有 HSTYLE、Soneed、AMH 等品牌。韩都衣舍在推广时运用的店铺引流广告如下：

1. 站内推广引流

韩都衣舍定位于中国"互联网韩风快时尚"，目标对象为 18~35 岁的都市时尚人群。在店铺引流中采用了在淘宝上的一些付费推广方式，如淘宝客、直通车广告、钻石展位广告等，在淘宝和天猫商城首页会定期投放链接广告。韩都衣舍的店铺流量来自搜索的免费流量占比 30%，通过淘宝客、直通车和钻石展位等付费推广方式获得的流量占比 30%，来自老客户的流量占比 30%，其他碎片化的流量占 10%。

2. 站外推广引流

针对目前上网时间碎片化、移动电商的普及，韩都衣舍在推广引流时采取了很多新媒体营销策略，如微信营销、微博营销等。韩都衣舍在许多浏览器首页都有链接广告，并且会定时发布促销活动在各个论坛进行推广，以及在一些社会化电商网站进行推广。与此同时，韩都衣舍还推出专门的"韩都衣舍"手机客户端，方便消费者随时随地进行购物体验。

任务演练

1. 任务目标

设计一套网站推广方案。

2. 任务内容

小李在一家大型建材企业的电子商务部工作。有一天，部门经理告知他，本企业的网站已经建立了半年左右的时间，但访问的人数很不理想，没有达到宣传企业产品和最终实现在线交易的初衷，要求小李尽快提出一套网站推广方案。请根据该企业的有关情况，帮助小李提出网站推广途径和推广要点。

3. 任务操作过程

（1）将全班同学每4~6人分为一组，选出小组负责人，教师说明任务内容和成果要求。

（2）分组设计网站推广方案，收集并列举还有哪些推广途径和推广要点。

（3）分小组完成任务报告，并由小组负责人在班内展示。

4. 任务成果

完成推广方案，填写表6-1。

表6-1　推广方案

推广途径	推广要点

任务 6.2　制作钻石展位和直通车广告

任务导入

小美将完成的店铺广告策划书上交给设计部总监，总监肯定了小美关于女装店铺的站内推广想法，但是策划书中缺乏关于站内推广的具体实施办法。总监觉得广告策划书还不够完善，需要进一步充实并细化。为了更好地完成此次店铺推广任务，小美需要针对站内推广的钻石展位和直通车广告做进一步的补充。

 任务分析

小美要想更好地完善广告策划书，通过学习了解到，在天猫和淘宝平台中获取流量最主要的付费推广三大核心工具是钻石展位、直通车和淘宝客。其中，钻石展位和直通车广告是店铺中最常用的两种推广方式，而且店铺推广引流时，也常常会采用直通车与钻石展位相结合的方式，所以必须在策划书中将直通车和钻石展位广告这两种方式加以细化。

 知识储备

6.2.1　钻石展位和直通车广告的特点

钻石展位是基于推荐场景的广告投放平台，通过付费方式获取流量是一种货找人的模式。钻石展位和直通车是有本质区别的。直通车是一种基于搜索场景的广告投放平台，主要是人找货的模式。

1. 钻石展位广告

钻石展位广告通常展示在淘宝网、天猫网与各大频道首页，以图片广告和视频广告为主，占据大量优质广告位，淘宝网卖家通过钻石展位平台投放广告，依靠图片或视频广告创意吸引买家点击，为商品引流。

钻石展位平台可以对阿里巴巴系统的用户行为进行大数据分析，将店铺消费者进行划分，锁定某种产品的潜在意向用户，从而将钻石展位广告定向展示给该类型用户。

钻石展位展现的地方非常多，图 6-1 所示为淘宝首页焦点图钻石展位广告和右侧 Banner 钻石展位广告。

图 6-1　淘宝首页焦点图和右侧 Banner 钻石展位广告

电脑端钻石展位广告图片尺寸见表 6-2。

表 6-2　电脑端钻石展位广告图片尺寸

展位名称	图片尺寸 / 像素
PC- 流量包 – 网上购物 – 淘宝 / 天猫首页焦点图	520×280
PC- 网上购物 – 淘宝 / 天猫首页焦点图右侧 Banner	160×200
PC- 网上购物 – 淘宝 / 天猫首页精选大图	250×155
PC- 网上购物 – 淘宝首页 2 屏右侧大图	300×250
PC- 网上购物 – 淘宝首页 3 屏通栏大 Banner	375×130

淘宝网手机端钻石展位广告位置如图 6-2 所示。

图 6-2　淘宝手机端钻石展位广告展现位置

手机端钻石展位图片尺寸见表 6-3。

表 6-3　手机端钻石展位广告图片尺寸

展位名称	图片尺寸 / 像素
无线 – 网上购物 – 手机 App 流量包 – 手机淘宝焦点图	640×200
无线 – 流量包 – 网上购物 – 触摸版 – 爱淘宝焦点图	
无线 – 网上购物 –App – 天猫首页焦点图	
无线 – 网上购物 – 活动页 – 焦点图 1、2、3	
无线 – 网上购物 – 天猫活动集合页 – 焦点图 2	
无线 – 网上购物 – 活动页 – 潮流热卖	280×406
无线 – 网上购物 – 活动页 – 好店发现	586×325
无线 – 网上购物 – 天猫活动集合页 – 底通	640×200

2. 直通车广告

直通车广告是淘宝网、天猫网卖家为实现商品的精准推广，通过直通车进行的广告投放。卖家投放的直通车广告展现免费、点击扣费。当卖家想推广一件商品时，就需要给商品设置相应的创意图、关键词、出价、商品推广标题等，在买家搜索相应的关键词或按照分类进行浏览时，卖家推广的商品就有可能获得展现，继而被用户点击、收藏、加购、下单，从而实现精准营销。

通过直通车广告中关键词的竞价，对产品进行站内推广具有很强的优势，具体体现在以下几个方面。

（1）按词推广，可以与买家搜索关键词进行匹配。例如，针对买家搜索"运动鞋"这个词，在设置直通车广告关键词推广商品时，为其添加"运动鞋"这个关键词，就可以在直通车关键词推广中进行展现，从而吸引买家点击浏览商品。

（2）展示免费，当买家点击商品时通过直通车付费，商家可以自由控制花费，合理掌控推广成本。

（3）店铺引流，通过直通车广告推广单个宝贝。当买家点击推广宝贝进入店铺后，可以浏览店铺内其他商品，从而带来其他商品的成交。

电脑端直通车广告展示：搜索关键词后，页面左侧第一页有 1 个展示位，第二页起 3 个展示位，提示"掌柜热卖"，页面右侧有 16 个竖着的展示位，页面底端横着的 5 个展示位。每页展示位以此类推。即：1+16+5，3+16+5，3+16+5，3+16+5……，前 3 页有流量。电脑端淘宝直通车关键词推广占据优势产品展示位如图 6-3 所示（以第一页为例）。

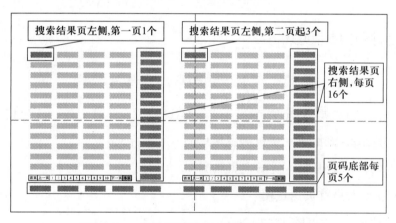

图 6-3　电脑端直通车关键词推广展位

移动端直通车展现位置非常明显，在首屏展示位。展现样式醒目，有 hot 标识、免邮等，销量信息一目了然。

6.2.2　设计钻石展位和直通车广告

1. 钻石展位广告的设计

钻石展位广告的设计主要是钻石展位广告图片的设计和创意。

（1）钻石展位广告图设计制作要素。

① 风格。确立广告创意风格，如小清新文艺、大牌风、萌系等。

② 亮点。深入挖掘并充分体现产品卖点、闪光点，如产品功效、产品广告语、产品特点及页面风格等。

③ 文案。通过广告文案让客户熟悉企业的产品和品牌，广告语要读起来朗朗上口。例如，百雀羚广告：正品百雀羚，当选旗舰店；美即面膜广告：停下来享受美丽；韩束广告：七分养三分妆。

④ 排版。排版结构尽量简约，并能在背景中突出产品的亮点，一切配图文字都以突出产品卖点为中心。常见的构图方式有左文右图、左图右文、上中下（产品 + 文案 + 产品）、左中右（产品或模特 + 文案 + 产品或模特）等。

（2）钻石展位广告图设计创意要点。

① 突出主题。钻石展位广告图片要有一个明确的主题。关键词的设置要摆放到位，如关于产品信息、折扣促销信息等要适当突出。

② 产品图（卖点）。想要消费者产生购买欲望，一定要突出自身产品的卖点，排列有序并且富有创意地将其进行组合。

③ 风格与配色。确定的主题风格，要与店铺风格相对应，符合产品或店铺格调。主色不宜过多，色调要控制在 3 种颜色内，以其中一个颜色作为主宰色调。

④ 排版布局。可以选择几何环绕型、左右分割或者产品图中间夹杂文案等排版方式。布局时要给人留下适合的空间，简约而不简单。整个创意文字加上图片内容不超过整个图片的 2/3。

（3）钻石展位广告推广的三种类型。

① 推广单品。

主题：突出单品。文案简洁，有层次，第一层是产品卖点，第二层是促销信息。

字体颜色：字体颜色不超过 3 种，要与产品相匹配。

推广目的：打造爆款商品，以卖货为主。

钻石展位广告图效果，如图 6-4 所示。

图 6-4　钻石展位单品广告图

② 推广活动和店铺。

主题：以活动和店铺促销为主题。文案简洁，有层次，折扣促销信息要有冲击力。

字体颜色：字体颜色不超过 3 种，要与店铺活动相统一。

推广目的：配合活动或店铺促销，既能提高销量，又能提高品牌和店铺的知名度。

钻石展位广告图效果，如图 6-5 所示。

图 6-5　钻石展位活动广告图

③ 推广品牌。

主题：坚持一贯的品牌个性，不断传递品牌口号，文案简洁有层次。

字体颜色：配合品牌的特点。

推广目的：追求长期的品牌效益，长期投放。

钻石展位广告图效果，如图 6-6 所示。

图 6-6　钻石展位品牌广告图

（4）钻石展位广告设计注意事项。

① 由于淘宝网首页不允许出现 Flash 广告，所以只能用 JPG 格式或者 GIF 格式的图片。字体建议使用方正字体、宋体或黑体。

② 所有广告投放的素材必须清晰，否则不但影响视觉效果，还会降低点击率。

③ 广告素材要求无边框、无阴影。由于动态效果的图片会影响页面打开的速度及顾客体验，因此，在广告素材方面建议做成静态图。

④ 图片严禁出现鼠标的手形、箭头等形状。

⑤ 图片严禁出现假分页、翻页，严禁出现视频模式。

⑥ 不能出现"杂志""媒体""明星推荐"和"OS"认证等字样。

⑦ 图片严禁出现拼接形式，不得出现白色竖条。

⑧ 除非有授权，素材创意中禁止出现旺旺表情、QQ 表情等表情图片。

⑨ 禁止使用未经授权的图片，如明星和模特图片。

⑩ 创意中不能出现"月销千件""全网最低""销量第一""销售冠军""热荐""顶级"等类似以淘宝名义进行宣传或虚假描述给用户造成误导的字眼。

2. 直通车广告设计

直通车广告设计投放的基本流程：新建推广计划—选择营销场景和推广方式—设置计划名称及日限额—选择推广的宝贝—创意设置—设置关键词及出价—完成推广。其步骤如下：

（1）登录淘宝直通车后台，点击"全部计划"，新建推广计划，如图 6-7 所示。

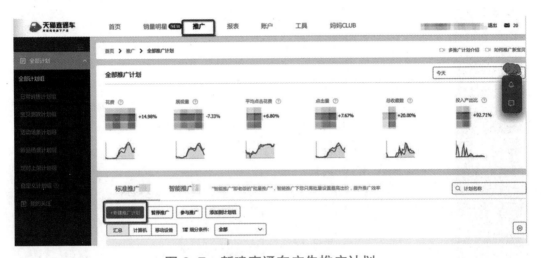

图 6-7 新建直通车广告推广计划

（2）选择营销场景和推广方式，如图 6-8 所示。

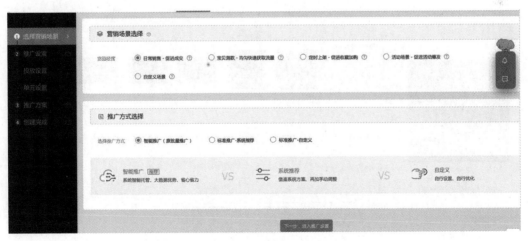

图 6-8 营销场景和推广方式

营销场景：推广的目的。

推广方式："智能推广"即为系统托管的方式；"系统推荐"是由系统给你推荐一个推广策略；"自定义"即完全由自己手动设置策略。

（3）设置计划名称及日限额，如图 6-9 所示。设置日限额能有效控制直通车广告花费在计划内。

（4）选择推广的宝贝。选品是开直通车的第一步，也是最重要的一步。可以通过市场需求和消费者的喜好、商品的流量、访客、转化、收藏等要素进行分析，确定商品的受欢迎程度，是否适合利用直通车推广。

（5）创意设置，如图 6-10 所示。创意图片现在有 4 个，4 个创意要用到位才行，不要只添加 2 个，要全部添加上。设计直通车广告创意图需要注意以下几点。

图 6-9　设置计划名称及日限额

图 6-10　选择推广标题和图片

① 美观性。这是设计直通车广告图的基础。

② 真实性。要确保价格、销量、好评及商品自身信息的真实性。以服装为例，面料加厚、版型修身、不起球等产品信息，如果产品自身并不具备，会导致售后问题的增加。

③ 图片清晰，突出主体。宝贝图片大约占整个推广位置的 3/4。

（6）设置关键词及出价，如图 6-11 所示。关键词选择是直通车广告推广中非常关键的步骤，在添加关键词时，每个宝贝最多可以添加 200 个。

图 6-11　设置关键词及出价

（7）点击"完成推广"即可，如图 6-12 所示。

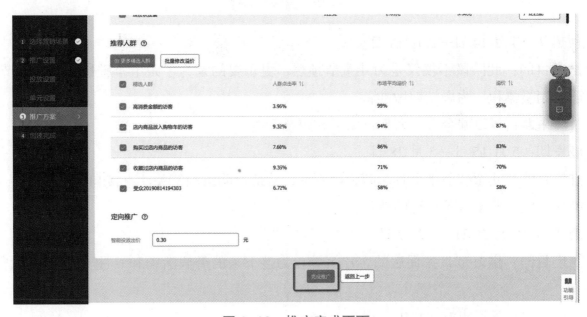

图 6-12　推广完成页面

6.2.3　钻石展位和直通车广告投放实例

1. 钻石展位广告投放实例

钻石展位广告投放以某经营童鞋店铺为例进行介绍。该店铺主营女中大童鞋，风格为可爱公主风、甜美时尚，同时追求产品质量，客单价较高。

（1）钻石展位广告投放时间点把握。通过淘宝网指数，搜索"女童 凉鞋"关键词，分析图 6-13 中淘宝网指数可以很明显地看出，女童凉鞋大概在 3 月初就已经崭露头角，搜索指数直线上升，在 5 月末达到全网的高峰，此后便呈现下降趋势。钻石展位广告的投放应该配合店铺做相应的调整，跟上步伐，为了能在儿童节打造较好的销量，钻石展位广告投放可以把握好以下的时间点。

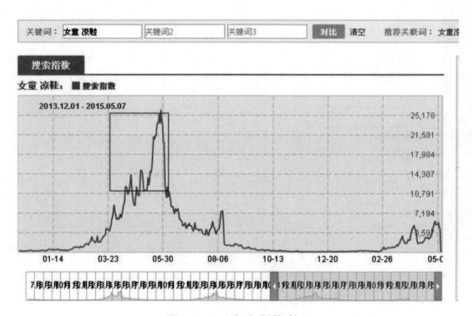

图 6-13　淘宝网指数

预热期：4 月 14 日—5 月 14 日。

推广目的：此阶段不仅仅是为儿童节预热，更重要的是为了跟上童鞋爆发的时间节点，做好前期销量累积，为爆发期做准备。

推广主题：可以配合五一假期出游、初夏踏青等。

爆发期：5 月 15 日—5 月 28 日。

推广目的：儿童节前半个月时间为爆发期，营造抢购氛围，关注直接和潜在转化。

推广主题：属于孩子自己的节日。

余热期：5 月 29 日—6 月 7 日。

推广目的：做好节日大促后的客户沉淀，为接下来的暑假活动和 6 月 18 日年中大促做准备。

推广主题：暑期出游，年中大促。

（2）店铺装修的设置。首先，关于店铺装修最重要的就是能随着时间节点的变化不断对装修做出改变，而不是一次装修后就长久不变，这样对于消费者的购物体验也不利。下面是店铺首页装修的两张图片，很鲜明地体现了这一点。图 6-14 是在 4 月中上旬的时候，最大限度地展现夏季凉鞋新品；图 6-15 是 4 月下旬接近五一节日时，此时有更多新品上新，店铺招牌、部分的新品鞋子和优惠券信息就比较明显。

图 6-14　4 月中上旬店铺首页广告图

图 6-15　4 月下旬店铺首页广告图

（3）钻石展位广告创意图制作。创意对于钻石展位广告是非常重要的，好的创意能使消费者眼前一亮，增强对店铺的印象，更为重要的是能提高点击率，从而较大程度地降低引流成本。那么，如何才能做出高点击率的创意图呢？好的创意需要分析消费人群，突出卖点，色彩搭配和排版布局要美观。如果大家在做创意的时候迟迟不得要领，可以试着从钻石展位后台找一些高点击率的创意图进行模仿并做好总结。

一般来说，为了给孩子和妈妈更多的选择，像下面这种直接把鞋子摆放上去的排版就相当不错，卖点和产品很明显地凸显了出来。

电脑端淘宝首页钻石展位焦点图广告创意如图 6-16 所示。

图 6-16 电脑端淘宝首页钻石展位焦点图广告

手机端淘宝首页焦点图广告创意如图 6-17 所示。

图 6-17 手机端淘宝首页焦点图广告

（4）资源位的选择。由于该店铺做钻石展位推广时间不长，又恰逢女童凉鞋整体行业不断上升的关键节点，为了尽快抢占市场，扩大品牌的曝光度和知名度，快速有力地抢占先锋位置，在资源的选择上可以投放首页焦点图的位置，包括无线首页焦点图和电脑端首页焦点图。

2. 直通车广告投放实例

网站一般把产品分为标品和非标品两大类。标品类产品是规格化的产品，可以有明确的型号，如笔记本、手机、电器、美容化妆品等；非标品是无法进行规格化分类的产品，如服装、鞋子等。标品类和非标品类的直通车广告投放会有一些差别，但两者原理是一致的。接下来以某款猫罐头在某年 11 月至 12 月期间销售为例来讲解直通车广告的投放。

（1）直通车广告创意图。首先，看直通车广告要推广的商品在同类、同款商品里面有没有竞争优势，如价格优势、促销力度等。如果有，可以在直通车创意图上重点突出；如果没有，就要在创意图上下功夫，尽量让消费者一眼就能被直通车创意图吸引住。这款猫罐头在价格上有优势，所以主要是在直通车创意图上突出价格，提高商品的点击率，商品的点击率越高，获得的流量也就越多，当然肯定是要有一定的展现量和点击量。猫罐头直通车创意图广告如图 6-18 所示。

图 6-18　猫罐头直通车创意图广告

图 6-19 是"猫罐头"这个词近 30 天的点击率。

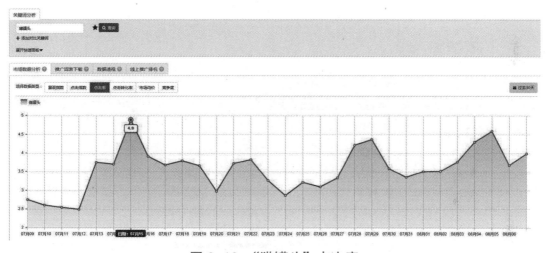

图 6-19　"猫罐头"点击率

（2）关键词选择。标品类产品能用的关键词不多，都是属性词或者品牌词，精准长尾词（如宠物猫零食罐头）基本没什么流量，有的就算有流量，点击率也不高，所以选择的关键词基本都是精准大词。

（3）精选人群溢价。直通车精选人群需要进行测试，吸引资深买家和老客户可以适当提高直通车的溢价，通过高于点击付费的价格获得更多的精准流量。吸引其他人群也需要进行测试，数据累计越多越好，可以先测月均消费额度的人群，溢价比其他人群高一点，数据累计多了，再把效果好的人群进行组合再次测试，最终确定精选人群的溢价。

（4）日限额。直通车广告投放需要设置日限额，即每日最大点击花费额度，当花费达到日限额时，就会停止推广。日限额一般采用"标准投放"，不建议采用"智能化均匀投放"，因为智能投放可能会在高峰期智能控制花费。日限额的设置如图 6-20 所示。

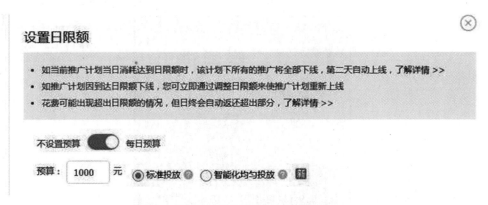

图 6-20 设置日限额

（5）投放平台。直通车广告投放平台一般选择淘宝网站内推广，站外人群推广不精准，所以不建议投放，定向推广可以另外建立计划。移动端访问淘宝网用户较多，因此选择移动端站内投放，如图 6-21 所示。

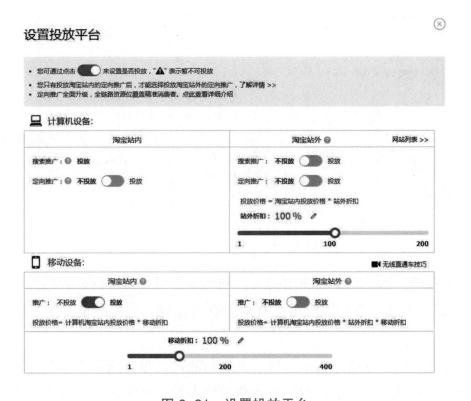

图 6-21 设置投放平台

（6）投放时间。通过前期测评，下午和晚上通过淘宝网进行购物的精准用户人群较多，因此直通车广告投放时间多选择下午及晚上时段，如图 6-22 所示。

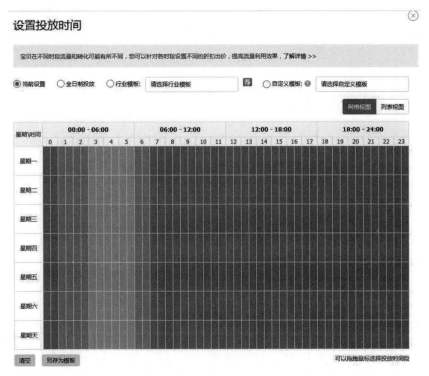

图 6-22　设置投放时间

（7）投放地域。直通车广告投放地域可以根据测得的数据随时进行实时调整，一般选择购物能力较强的地域有针对性地进行直通车广告的投放，如图 6-23 所示。

图 6-23　设置投放地域

任务演练

1．任务目标

熟悉直通车推广和钻石展位推广。

2．任务内容

以小组为单位，分别创建一个直通车推广计划和钻石展位推广计划。

3．任务操作过程

（1）将全班同学每 4~6 人分为一组，选出小组负责人，教师说明任务内容和成果要求。

（2）分组创建一个直通车推广计划和钻石展位推广计划，收集并列举还有哪些站内推广方式，填写在表 6-4 中。

表 6-4　站内推广知识点

推广名称	付费方式	特点	适合哪些卖家

（3）分小组完成任务报告，并由小组负责人在班内展示。

4．任务成果

完成直通车推广计划和钻石展位推广计划。

任务 6.3　建立 SEO 搜索引擎关键词引流

 **任务导入**

小美把修改好的广告策划书递交给广告设计部总监，创新广告公司与妞妞女装店铺沟通交流之后，要求除站内推广之外，增加一些站外推广方式，以增加销量，如可以通过 SEO 搜索引擎关键词方式进行引流推广。创新广告公司将这一任务交给小美来完成。小美需要在策划书中，增加站外推广的 SEO 搜索引擎关键词引流的计划。

任务分析

要完成本次任务，小美需要清楚 SEO 搜索引擎关键词的分类和特点，再结合搜索引擎关键词案例进行分析，最后再制订女装店铺 SEO 搜索引擎关键词的推广方案。

知识储备

6.3.1　SEO 搜索引擎关键词的分类

搜索引擎优化，是指针对各种搜索引擎的检索特点，让网页设计符合搜索引擎的搜索原则及算法，从而获得搜索引擎的收录并在排名中靠前的各种方法。搜索引擎关键词广告是充分利用搜索引擎资源开展网络营销的一种手段，当用户在搜索引擎上使用广告主投放的关键词进行搜索时，相应的广告就会展现，点击后即可链接到与之对应的网页上。

当同一个关键词有多个广告主购买时，会采用竞价排名的方式，谁的价格高，谁的广告就优先展示。此外，搜索引擎广告展示是不收费的，只有当用户点击了该广告才按照广告主对该关键词的出价收费。图 6-24 为关键词搜索结果，有"广告"标记的即为搜索引擎广告。

由于搜索引擎广告是在特定的关键词检索时，才会出现在搜索结果页面的显著位置，所以其针对性非常高，是性价比较高的网络推广方式。此外，搜索引擎广告具有较高的定位程度，可以提供即时点击的效果，可以随时修改关键词，收费也比较合理，因而逐渐成为搜索引擎营销的常用形式。

图 6-24　搜索引擎广告

1. 从关键词属性层面分类

从关键词属性层面来讲，搜索引擎关键词可分为以下五种。

（1）产品词。产品词可以是企业提供的产品或服务的大类，也可以是产品细类，可能具体到产品的种类、型号、品牌等。

前者如"英语培训""鲜花""宠物用品""汽车"等，这类词搜索量较大，能覆盖更多的潜在客户，竞争较为激烈；后者如"雅思听力班""买玫瑰花""皇家猫粮""奥迪 A4 价格"等，这类词的搜索意图一般较为明确，因此在创意中应着重突出产品特色，明确传达价格、促销等卖点，抓住这些潜在客户的关注点，促成转化。

（2）通俗词。通俗词即网民可能使用的一些口语式表达，可能以疑问句式和陈述句式出现，如"我想开干洗店""哪家培训机构好""怎样才能学好书法"等。

使用这类搜索词的一般为个人消费者，搜索目的可能以信息获取为主，对商业推广结果的关注程度不同。不同通俗词带来的转化效果和商业价值有所不同，建议根据自身业务特点进行尝试。

（3）地域词。地域词即产品词、通俗词等与地域名称的组合，如"北京围棋培训班""上海同城速递"等。搜索这类词的网民的商业意图更为明确，一般希望在本地消费或购买，可以使用此类词在创意中突出产品和服务的地域便利性。

（4）品牌词。品牌词即含有企业自有品牌的关键词，如"百度""搜狗"等，或一些专有品牌资产的名称，如企业拥有的专有技术、专利名称等，但是不能是侵犯他人知识产权的关键词。

（5）人群相关词。网民未直接表达对产品或服务的需求，但搜索词表达了其他相关的兴趣点，与潜在客户群可能存在高度重合。因此可以把推广结果呈现在这些有潜在需求的网民面前，吸引他们的关注，激发他们的购买欲望。比如，关注出国留学、外企招聘的网民，可能有学习外语的潜在需求，可能是企业的潜在客户。

2. 从关键词优化执行层面分类

从关键词优化执行层面来讲，搜索引擎关键词可分以下三种。

（1）主关键词。它也叫"主要关键词""核心关键词""主推关键词"，指经过关键词分析确定下来主要推广的词语。通俗地讲，主关键词指网站产品和服务的目标客户可能用来搜索的热度较大的关键词。

一般情况下，主关键词具有以下特征。

① 一般位于网站首页的标题。

② 一般是由 2~4 个字构成的一个词或词组，名词居多。

③ 在搜索引擎每日都有一定数目的稳定搜索量。

④ 搜索目标关键词的用户往往对网站的产品和服务有需求，或者对网站的内容感兴趣。

⑤ 网站的主要内容围绕目标关键词展开。

（2）辅关键词。它是指有一定热度，与主关键词相关的词语。一般情况下，辅关键词具有以下特征。

①辅关键词位于网站的频道页。

②辅关键词有一定的热度，在搜索引擎每日都有一定数目的稳定搜索量。

③网站的专题和内链主要由辅关键词体现，并能从搜索引擎带来一定流量。

（3）长尾关键词。它是指网站上非目标关键词但可以带来搜索流量的词语。长尾关键词具有的特征如下。

①字数较多，往往是由 2~3 个词组成，甚至是短语。

②存在于内容页面，除了内容页的标题，还存在于内容中。

③搜索量非常少，并且不稳定。

④长尾关键词带来的客户转化率比主关键词低很多。

⑤存在大量长尾关键词的大中型网站，其带来的总流量非常大。

6.3.2　设置 SEO 搜索引擎关键词

1．选择关键词

选择恰当的关键词是 SEO 最具技巧性的环节之一，确定什么样的关键词决定了网站内容规划、链接结构、外链建设等重要的内容。只有选择正确的关键词，才能使网站的 SEO 走向正确的方向。那么，该如何选择关键词呢？

（1）与内容相关。目标关键词必须与内容相关，其原因很简单，欺骗性关键词的确能带来很大的流量，但是这些流量根本不会转化为有效流量，对网站来说毫无意义，而且有可能会遭到搜索引擎的惩罚。因此，关键词必须与内容相关，是内容的精准提炼。

（2）搜索次数多，竞争小。每个 SEO 人员在选择关键词时，都希望自己的关键词是搜索次数多、竞争最小的关键词，这样既能保证网站有一定的流量，又能保证在 SEO 过程中降低操作难度。但一般来说，大部分搜索量大的关键词竞争也大。不过，可以通过大量细致的关键词挖掘、分析，找到一些搜索次数相对比较多、竞争力相对比较小的关键词。

（3）主关键词不能太宽。主关键词太宽，主要会带来两个麻烦：一是关键词竞争力太大，很难排到首页，即使付出很大的代价，搜索排名可能也不会太理想；二是搜索词的目的太广，转化率比较低。

（4）主关键词不能太窄。主关键词太窄往往只会造成搜索次数大大降低，甚至没人搜索，这对网站来说也是致命的。所以在选择主关键词时，既不能太宽泛，也不能太窄，需要找到一个平衡点。

2．关键词的确定与扩展

在选择具体关键词时，一般的步骤是先确定核心关键词，然后根据核心关键词进行扩展。

（1）核心关键词的确定。通常情况下，核心关键词是放在网站首页的目标关键词，是搜索次数最多、竞争最大、优化难度最大的关键词，只有确定核心关键词之后，才能确定其他栏目及产品的关键词。那么，如何来确定核心关键词呢?

① 头脑风暴法。首先列出与网站产品相关的、尽量多的，同时也是比较热门的关键词，可以请朋友、同事一起来进行讨论。

② 查看竞争对手的关键词。在确定网站的核心关键词时，可以去百度上搜索同类竞争对手的网站，参考他们的核心关键词是什么，一方面可以知己知彼，避开他们的优点；另一方面可以获得灵感对关键词进行补充。

③ 查询搜索次数。当经过头脑风暴和检查竞争对手的关键词之后，能列出的关键词应该会有很多，那么接下来就是：利用百度指数等关键词工具，查询这些关键词的搜索次数。当然关键词工具也会提供很多相关的关键词，可以继续补充前面没有查找到的。

④ 确定核心关键词。针对关键词查询搜索次数，并分析这些关键词的竞争情况、潜在用户搜索数量之后，选出两三个关键词作为核心关键词。

（2）关键词的扩展。确定核心关键词之后，接下来就要进行关键词扩展，对于一个网站来说，找出几个核心关键词显然还不够，还需要根据这些核心关键词进一步挖掘，扩展几百个甚至几千个关键词。扩展关键词一般有以下四种方法。

① 使用关键词工具。最常用的是利用百度指数工具，查询任何一个关键词时会列出几十个相关关键词。再取其中任何一个相关关键词进行重新查询，又可以得到另外几十个相关关键词，如此不断挖掘，扩展几千个关键词是一件轻而易举的事情。

② 使用相关搜索。在百度的搜索框中输入核心关键词时，搜索框会自动显示与此关键词相关的一些搜索建议词。当然，在搜索结果页面最下面，搜索引擎也会给出相关搜索，这也是一种扩展核心关键词的好方法。

③ 使用其他关键词扩展工具。关键词扩展工具有很多，这些工具可以为我们所用，帮我们去挖掘扩展关键词。

④ 使用其他各种关键词变体。可以对关键词进行各种变化，主要有以下几种类型。

同义词变体，如酒店与饭店、旅馆、宾馆的意思相近。

简称变体，如北京大学与北大。

相关词变体，如网络营销与网站建设、网站设计。

⑤ 使用形容词修饰。可以在核心关键词前面添加一定的形容词，扩展关键词，如酒店，可以按地名扩展为"广州酒店"，可以按品牌类型扩展为"五星级酒店"，还可以设置其他形容词"环境好的酒店""150~200 元价格的酒店"等。

3．分布关键词

在选择和确定好关键词之后，会得到一个至少包含几百个相关关键词的列表，之后就要将这些关键词合理地分布在整个网站上，可以使用以下三种关键词的布局。

（1）金字塔结构。目前来说，关键词最合理的布局类似于金字塔形式，一般每个页面并没有限制收录关键词的数量，但要是把上百个关键词列表都放在一个页面中显然不行的，为了突出关键词优势，一个页面的关键词一般设置在 3 个左右。

关键词金字塔布局包含以下四层。

① 核心关键词：位于塔尖，这些关键词应该放在首页。

② 一级关键词：相对于核心关键词来说没有那么"热门"，其数量可能比较多。一般来说，每个产品或行业的主要标准词就是一级关键词，如男装、女装、男鞋、女鞋等，这些一级关键词简洁明了，点击率很高，可以放在一级分类（如栏目）首页。

③ 二级关键词：没一级关键词那么"热门"，数量也比一级关键词要多很多。一般情况下，二级关键词由一级关键词通过前后加定位词或后尾词延伸出来，就以"女装"这一级关键词为例，可以延伸出"商务女装""休闲女装""女装品牌"等多个二级关键词。二级关键词放置在分类首页，每个分类首页宜只有两三个关键词。

④ 长尾关键词：更多的长尾关键词处于塔底，放在具体的页面上。

（2）关键词分组。得到关键词列表之后，接下来要将这些关键词进行分组，每一组关键词针对一个分类。对于关键词分组，必须坚持同组关键词意义相关，上下组关键词具有层次性。

（3）关键词布局。进行关键词布局时要注意以下三点。

① 每个页面只针对两三个关键词，不能太多，以突出主题。

② 避免内部竞争，同一关键词不能重复出现在网站的多个页面上，原因很简单，搜索引擎一般只会挑出最相关的页面排在前面，同一关键词多次出现，只会造成内部竞争。

③ 关键词决定内容策划。从关键词布局可以看到网站要策划撰写的内容，很大程度是由关键词研究决定的，每个板块都针对一组明确的关键词进行内容组织。

4. 设置关键词密度

关键词密度是用来衡量关键词在网页上出现的总次数与其他文字的比例，一般用百分比来表示，比如某网页上共有 100 个字，其中关键词出现了 5 次，那我们就称关键词密度为 5%。很多搜索引擎包括百度、雅虎等都将关键词密度作为其搜索排名的考虑因素之一。当然，每个搜索引擎都有一套属于自己的关键词密度公式，关键词密度可以使你的网站排名获得较高的位置，但是关键词密度过大，容易被搜索引擎误认为是关键词堆砌。一般而言，最合适的关键词密度应该是 5%~8%。

6.3.3 SEO 搜索引擎关键词实例

下面以办公家具网站 SEO 作为案例进行介绍。目标关键词"办公家具"排名如图 6-25 所示。

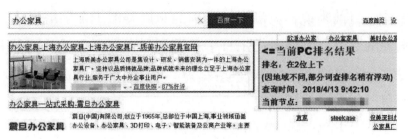

图 6-25　"办公家具"排名

查询目标关键词"办公家具"的百度指数如图 6-26 所示。对目标关键词"办公家具"进行 SEO 综合查询结果如图 6-27 所示。

图 6-26　"办公家具"百度指数

图 6-27　"办公家具"SEO 综合查询

目标关键词（办公家具）百度指数较高，竞争度也比较高，需要长尾词的辅助，因此把相关长尾词放到网站的首页，如"上海办公家具""上海办公家具厂""上海办公家具定制"等长尾关键词，来促进目标关键词排名。

如果网站排名不稳定，在保证关键词的文字质量的情况下可以做外链，如高质量的友情链接、发软文等。

经过一段时间优化后网站收录情况良好，每一篇文字几乎都收录，而且大部分都配以图文。

任务演练

1. 任务目标

总结 SEO 搜索引擎关键词的分类。

2. 任务内容

以小组为单位，总结 SEO 搜索引擎关键词的分类，完成任务成果中的思维导图。

3. 任务操作过程

（1）将全班同学每 4~6 人分为一组，选出小组负责人，教师说明任务内容和成果要求。

（2）分小组完成思维导图，并由小组负责人在班内展示。

4．任务成果

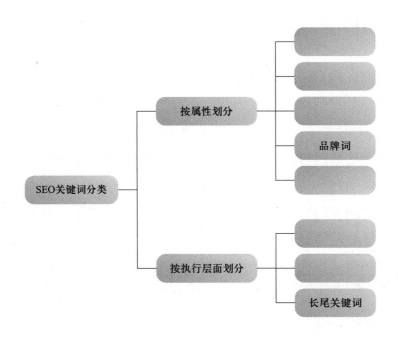

任务 6.4　推广新媒体广告引流

随着新媒体的强势崛起，只做搜索引擎优化对企业网络营销来说过于单薄了，必须结合新媒体运营一起来做，才能更广泛地触达目标受众，为企业带来更可观的用户和销量，快速扩大企业品牌的影响力。为此，小美继续学习了新媒体广告引流的推广方法，并将学到的内容归纳总结之后加入广告策划书中，递交给广告设计部总监。

小美在新媒体推广引流中选择了比较常见和常用的微信推广引流、微博推广引流和今日头条推广引流，并对这几种引流方式进行了详细的学习，制订了推广引流的方案。

6.4.1　设计微信广告引流

利用微信可以分析用户的行为、喜好等特征，有针对性地进行广告推送。如何有效利用微信，帮助企业获得更大的价值，成了重中之重。微信包含公众号、个人微信号、社群以及小程序等，每个部分都有其特点和价值。日常经营中，根据各个产品的特点，有针对性地开展营销活动，可以达到事半功倍的效果。

1. 微信公众号广告引流

利用微信公众号实现用户推广是当前较为主流的广告方式，主要方式就是设置营销活动，通过奖品吸引用户，用户需要完成相应的任务来赢取奖品。

常见的营销形式如分享活动链接或海报、好友点击助力赢取奖品等。好友助力需要关注微信公众号，然后完成助力任务。同样，帮助 A 用户完成助力的 B 好友也可以将链接分享给自己的好友 C，邀请其帮助自己完成助力，以此达到活动传播的效果。此营销活动适用面广泛，难度不高，生活中较为常见。

公众号做裂变推广的优势在于可以累积粉丝。用户留存度高，便于长期的运营推广。

2. 个人微信号营销推广

个人微信号充当销售或客服角色，在朋友圈内进行营销推广。最为常见的就是朋友圈内的"微商"。

个人微信号的营销推广常见方式是通过优惠、免费服务或其他渠道导流等手段吸引用户添加个人微信号，然后利用微信朋友圈进行反复推广宣传。个人微信号的优点在于既可以充当客服，直接与客户建立联系起到销售的作用；还可以为公众号、小程序等导流，配合公众号、小程序进行营销活动推广；在展示上，频次更高，用户接触到的概率也更大。

3. 社群营销推广

社群营销介于个人微信与公众号之间，直接促成销售的目的性更强。社群目的是将有共同利益诉求的人集中到一起，并且群员之间的交流是该社群价值体现的一部分。例如线上课程分享、行业信息交流等，达到利益互助互换的目的。

许多人对添加个人微信十分抵触，传播效应较弱。公众号虽然各方面都有优势，但是微信对许多营销行为都有限制。因此，对于传播性强、具有引导分享性质的营销活动，通过社群进行推广更为有效。

社群在后期的运营中可以发挥一定的作用，为小程序和公众号导流，参与小程序和公众号营销活动的传播。

4. 小程序营销推广

微信小程序作为当下微信内最火热也最受重视的功能，享受了很大流量的红利。微信开放了众多入口，放宽限制条件，加强对小程序创新的保护。如何进行小程序营销推广，是众多运营人员一直在琢磨的问题。

目前比较成熟的方式就是"拼团""砍价""好友助力"等。

小程序营销活动更侧重对平台的推广，看重活动能为小程序带来的流量，而不仅仅是活动本身的效果。让用户"收藏"小程序价值要高于用户在单次营销活动中产生消费。

在小程序的营销推广活动中，无论是社群还是公众号或个人微信，都是重要的宣传渠道。微信内部也已经打通了小程序和这几个功能之间的联系，可以实现个人微信号、公众号、社群到小程序的快捷跳转，相反，小程序不可以跳转到公众号或社群。这表明，微信希望商户将小程序作为终端，将所有用户流量导入小程序中。

公众号、个人微信号、社群及小程序是微信的组成部分，彼此之间既相互独立又具有较高的关联性。对于商户而言，若是没有精力在每个产品功能上都做好，可以选择性地专注于适合自己的。

从目前微信发展趋势来看，小程序和社群对于商户的重要性在不断增强，个人微信号则依据商户所处的行业及自身情况进行选择，公众号的内容属性在不断加强，但是电商属性偏弱。

在日常经营活动中，个人微信号及社群可作为广告宣传窗口，公众号则负责品牌塑造，小程序承担平台展示作用。营销活动既可以联合推广，也可以根据实际需求有选择地进行广告宣传。

6.4.2　设计微博广告引流

微博是一个基于用户关系的信息分享、传播以及获取的平台。用户可以通过 Web、WAP 等各种客户端组建个人社区，以 140 字（包括标点符号）的文字更新信息，并实现即时分享。微博传播主体是平民化、个性化的，传播内容是碎片化、去中心化的，传播方式是交互式的营销。

1. 微博营销的价值

（1）品牌推广。通过微博宣传推广企业品牌，扩大企业品牌知名度。

（2）客户关系管理。通过微博互动、粉丝管理、客户维护，加强客户管理。

（3）危机公关。微博可以作为企业和网民沟通的重要渠道，是解决负面信息的重要通道。

（4）产品推广。对企业的产品或服务进行推广宣传，实现对微博粉丝的转化。

2. 微博广告引流方法

利用微博广告引流主要有五个方面的技巧。

（1）要有一定的价值。只有通过微博给予浏览者有价值的信息，才能让微博脱颖而出，才能成为浏览者最想要看到的微博。企业如果想在微博营销中获益，必须要注意这一点。

（2）打造个性化微博。微博的独特之处在于关系互动，通常那些有温情、有思考、有回应、有自己独特个性的微博能够拥有更好的用户体验度，一个企业只有打造个性化微博才能持续吸引粉丝的关注。

（3）内容有连续性。微博发布的内容最好有连续性，就像小说一样，连载的小说可以吊足读者的胃口。让粉丝持续关注，每天都想查看微博更新的内容，这才是微博营销的理想境界。

（4）与粉丝的互动性要强。如果微博内容互动性较差，微博关注的人也会随之减少。

（5）抓住热点话题。微博传播速度非常快，很多热门话题内容都是在微博曝光的。如果想要做好微博营销，必须抓住热点话题，以吸引用户的关注，从而带来更多的粉丝关注。

6.4.3　建立今日头条广告引流

今日头条对于企业的产品推广是非常不错的流量平台。今日头条最大的特点就是针对内容的智能算法推荐。所谓智能算法推荐，就是把合适的内容推送给合适的人，平台相当于精准流量分发机器。今日头条充分整合自身和西瓜视频以及知名厂商、媒体资源，为广告主提供一个优质的营销平台。

1. 今日头条广告形式

今日头条广告主要有开屏广告、信息流广告和详情页广告三种形式。

（1）开屏广告：开启应用时加载广告，展示固定的时间（静态广告为 3 秒、动态广告为 4 秒、视频广告为 5 秒），展示完毕后自动关闭并进入应用主页面，按 CPM（千次展现）计费。

（2）信息流广告：在今日头条的资讯信息流中依托人工智能实现的广告推荐形式。

（3）详情页广告：展示在文章详情页中的一种广告形式，在版权文章下方，相关阅读上方。

2. 撰写广告引流文章

利用今日头条创建广告之前，首先要注册今日头条账号。账号准备好之后，就要开始着手进行内容的制作。这就很考验写作技巧了，写作技巧不是一朝一夕就能练成的。那么怎么才能写出吸引粉丝的好文章呢？

（1）文章选题很重要。文章的选题十分重要，因为今日头条的流量很杂，太过专业的文章浏览量可能反而不好。其中情感、养生和政法新闻是较受大家欢迎的，所以，在选取题材的时候，要尽量在大众欢迎的几大类中进行选择。

（2）一定要有图片。图文并茂是很多新媒体推广中常用的。如果在编辑文章的时候加上一些虽然和内容有关联的图片，但都平淡无奇，就会降低图片本身的爆点优势。

（3）学会借助热点，做内容延伸。写文章最忌讳的就是内容枯竭。这个其实很好解决，就是多结合热点，借助热点的高人气可以让你的文章增添更多的流量，而且可以对这个热点进行内容延伸。只要掌握这个技巧，头条推广会变得较为简单。寻找热点话题可以借助百度热搜榜、微博热榜和百度搜索引擎等，然后将这几者结合起来。

（4）快速写文章，原创文章其实很简单。很多头条引流广告文案存在写文章慢、原创文章难写等问题，其实这都是没有掌握技巧所导致的，原创文章可以采用热点标题搭配 500 字左右的短篇图文形式，更多的技巧还需要平时多练多积累。

3．在文章中植入广告

如何才能在文章中植入需要推广的内容？需要注意以下几个方面。

（1）在文章的末尾留下一个"小尾巴"，包含自己的个人微信号或者企业微信公众号。

（2）在文章所使用的图片上添加水印，比方在图片中加入品牌名称和Logo，这样做可以有助于用户记忆，也可以添加联系方式。

（3）在软文中插入一段引导性的语言，同时留下需要推广的微信号。

★ 任务演练

1．任务目标

熟悉新媒体广告引流的推广方法。

2．任务内容

以小组为单位，通过查找网络有关知识和文献资料，了解不同的新媒体广告引流推广方式，选择一种比较感兴趣的新媒体推广方式完成店铺的推广。

3．任务操作过程

（1）将全班同学每4~6人分成一组，选出小组负责人，教师说明任务内容和成果要求。

（2）分组查找不同的新媒体广告引流推广方式，利用头脑风暴法进行交流，总结新媒体广告引流的推广方式。

（3）每个小组选择一种比较感兴趣的新媒体推广方式完成店铺的推广。

（4）收集并列举本任务之外的新媒体推广方式。

4．任务成果

完成表6-5。

表6-5　新媒体推广方式及其应用

新媒体推广方式	如何应用到店铺推广中

思考与练习

一、单项选择题

1．SEO 中文意思是（　　）。

　　A.高级行政长官　　　B.系统评估办公室　　　C.搜索引擎营销　　　D.搜索引擎优化

2．关键词热度分析是指（　　　）。

A. 对关键词进行分类

B. 分析一个关键词的数量

C. 对热门关键词、一般关键词、普通关键词进行区分

D. 关键词的搜索数量

3．搜索引擎的任务是把（　　　）的网站排在检索结果的前面。

A. 浏览速度最快　　　　　　　　　　　　B. 页面最多

C. 最符合用户搜索需求　　　　　　　　　D. 页面设计最漂亮

4．钻石展位允许出现的情形是（　　　）。

A. 国旗　　　　　　　　　　　　　　　　B. 本店畅销款商品

C. 未经授权使用奥运商品等描述　　　　　D. 未经授权使用的卡通形象

5．CPM 指的是（　　　）。

A. 每千次浏览单价　　　　　　　　　　　B. 每千次点击收费

C. 每次点击单价　　　　　　　　　　　　D. 每次浏览单价

6．若买家在淘宝网首页电脑端"搜索宝贝"中输入购买的关键词，点击搜索。此时买家在结果页面底端可以看到（　　　）横向直通车展位。

A.3 个　　　　　　　B.4 个　　　　　　　C.5 个　　　　　　　D.6 个

7．属于新闻资讯类应用的是（　　　）。

A. 今日头条　　　　　B. 微信　　　　　　C. 当当读书　　　　　D. 美团

8．钻石展位按照（　　　）顺序进行展现。

A. 预算多少　　　　　B. 出价高低　　　　C. 创意多少　　　　　D. 点击率高低

9．关于微博内容的撰写，描述正确的是（　　　）。

A. 文案内容以长篇描述为主，越详细越好

B. 文案内容不能放置学费优惠等具体数字

C. 尝试有趣的分段式文字，同时可运用轻松活泼的表情拉近与受众的距离

D. 微博内容挂钩热门话题越多越好，可以最大限度实现品牌曝光

10．直通车广告创意图最多可以添加（　　　）个。

A.2　　　　　　　　　B.3　　　　　　　　C.4　　　　　　　　D.5

二、多项选择题

1．互联网广告的主要特点有（　　　）。

A. 针对性强　　　　　　　　　　　　　　B. 实时性与交互性

C. 传播范围广泛　　　　　　　　　　　　D. 广告发布灵活，成本低

E. 视听效果的综合性

2．属于标品的产品有（　　　）。

　　A.笔记本电脑　　　　　B.鞋　　　　　　　　C.手机　　　　　　　　D.化妆品

3．微博营销的价值有（　　　）。

　　A.品牌推广　　　　　　B.客户关系管理　　　C.危机公关　　　　　　D.产品推广

4．今日头条广告形式有（　　　）。

　　A.开屏广告　　　　　　　　　　　　　　B.信息流广告

　　C.详情节广告　　　　　　　　　　　　　D.关键字广告

5．对淘宝直通车店铺推广的描述正确的有（　　　）。

　　A.店铺推广是一种新的直通车通用推广方式

　　B.店铺推广能有效地补充单品推广，为客户提供更广泛的推广空间

　　C.店铺推广是按点击付费的推广形式

　　D.店铺推广是按展现付费的推广形式

三、判断题

1．淘宝直通车是一种展示免费、点击付费的推广工具。　　　　　　　　　　　（　　　）

2．钻石展位是适合中小卖家的推广手段，按照点击收费。　　　　　　　　　　（　　　）

3．互联网的网络浏览和服务器对企业的价格策略不会有任何影响。　　　　　　（　　　）

4．直通车推广是烧钱的，花费越多越好。　　　　　　　　　　　　　　　　　（　　　）

5．企业通过微博开展宣传推广都是为了带来更多的销售量。　　　　　　　　　（　　　）

6．淘宝网首页不允许出现 Flash 广告。　　　　　　　　　　　　　　　　　　（　　　）

7．在标题优化中迎合用户体验，按照客户的心理可以适当地夸大产品的功能，这样才能吸引客户，起到标题的作用。　　　　　　　　　　　　　　　　　　　　　　　（　　　）

四、简答题

1．简述钻石展位广告推广的类型及推广目的。

2．直通车广告站内推广的优势有哪些？

3．简述如何选择 SEO 搜索引擎关键词。

五、案例分析题

小明经营一家男装淘宝网店已有一年多的时间，但销量一直不是很乐观，请帮助小明如何通过网络营销吸引更多的消费者，获得更多的销量。

参考答案

参 考 文 献

[1] 姜玉洁，李茜，郭玉申．促销策划 [M]．北京：北京大学出版社，2011．

[2] 王宏伟，芦阳．广告原理与实务 [M]．北京：高等教育出版社，2011．

[3] 王猛，李静．手绘POP创意广告设计 [M]．北京：京华出版社，2011．

[4] 张扬，俞嘉华．浅议日本传统元素在现代海报设计中的运用 [J]．美术大观，2017（5）：116-117．

[5] 张文蕊．浅谈海报设计在博物馆中的应用 [J]．环球人文地理，2014（12）：248．

[6] 文晗．电影海报设计中的视觉情景营造 [J]．芒种，2016（4）：106-107．

[7] 朱晓华．谈现代公益海报设计与探讨 [J]．科技资讯，2012（28）：206-207．

[8] 吴念．构图在电影海报设计中的应用浅析 [J]．文艺生活·文艺理论，2015（2）：61．

职业教育国家规划教材、立项教材
及其配套教学用书

书号	书名	主编	估定价	配套资源
9787040554786	市场营销基础	应旭萍	36.20	二维码、学习卡、辅导书
	市场营销基础学习指导与练习	应旭萍		二维码、学习卡
9787040548143	市场营销基础（第2版）	杨丽佳	35.80	二维码、学习卡、辅导书
9787040560398	市场营销基础学习指导与练习（第2版）	杨丽佳	23.60	二维码、学习卡
9787040470857	市场营销基础	张润琴	25.50	二维码、学习卡、辅导书
9787040470864	市场营销基础学习指导与练习	张润琴	17.80	二维码、学习卡
9787040532029	市场营销知识（第4版）	王宝童、冯金祥	26.00	二维码、学习卡、习题集
9787040544046	市场营销知识习题集（第4版）	王宝童、冯金祥	21.80	二维码、学习卡
9787040555400	营销素养训练（第2版）	徐克美、黄晓蕾	21.00	学习卡
9787040540079	商品知识（第3版）	何毓颖、张智清	26.20	二维码、学习卡、辅导书
9787040552966	商品知识学习指导与练习（第2版）	何毓颖	19.10	二维码、学习卡
9787040553871	商品管理（第2版）	傅晖、郭玉金	24.90	二维码、学习卡、辅导书
9787040564501	商品管理学习指导与练习（第2版）	傅晖	19.50	二维码、学习卡
9787040365641	商品学基础（第2版）	谢瑞玲	35.80	
9787040493146	商品基础知识	傅晖	20.70	二维码、学习卡
9787040557121	商务沟通与谈判（第2版）	王婷婷、郭怡梅	24.80	学习卡
9787040523928	商务礼仪	王子亮	27.80	二维码、学习卡
9787040556629	消费心理（第2版）	徐雷、张莉	33.70	学习卡

书号	书名	主编	估定价	配套资源
9787040434132	门店运营实务	陈福珍、钟世丹	24.80	课件
9787040487596	财会知识	于家臻	26.70	二维码、学习卡
9787040561920	推销实务（第2版）	崔利群、苏巧娜	32.60	二维码、学习卡
	推销技能训练（第2版）	崔利群、苏巧娜		二维码、学习卡
9787040493214	商品经营实务	韩磊	21.70	二维码、学习卡
9787040266863	商品经营（第2版）	张雪芬、曹汝英	18.80	
9787040334067	商品经营技能训练（第2版）	张雪芬	24.60	课件
9787040273427	柜组核算（第2版）	张立波	16.00	
9787040273434	柜组核算习题集（第2版）	张立波	15.90	
9787040561098	销售心理学	李曦妍	30.50	二维码、学习卡
9787040266887	销售心理学基础（第2版）	时虹光、苑望	18.80	辅导书、课件
9787040273663	销售心理学基础学习指导与练习	苑望	22.50	课件
9787040556995	销售服务技术	周秀娟、张慧灵	25.80	二维码、学习卡
9787040273656	销售服务技术（第2版）	汤向阳、印文郁	22.80	
9787040266894	销售语言与服务礼仪（第2版）	刘桦	13.90	辅导书、课件
9787040273670	销售语言与服务礼仪学习指导与练习	李灵、刘桦	18.80	课件
9787040110210	商业实用美术	张祖健、丁礼钦	9.80	
9787040172805	商品展示	张艳玲	24.70	
9787040430752	商品陈列	张莉、徐雷	34.80	学习卡
9787040324075	推销实务（第2版）	黄元亨	28.00	学习卡
9787040376227	推销技能强化训练	王力先	24.70	课件
9787040502378	推销与沟通技巧（第2版）	崔利群、苏巧娜	37.00	二维码、学习卡
9787040532005	市场营销策划（第2版）	应旭萍、魏华	27.80	二维码、学习卡
9787040542424	市场营销策划学习指导与练习	应旭萍、魏华		二维码、学习卡
9787040433739	市场调查	杨继峥、郑佳美	26.00	课件
9787040540871	市场调查与分析（第3版）	蒋姝蕾	18.90	二维码、学习卡、辅导书
9787040336023	市场调查与分析技能训练	陶瑾	17.90	课件
9787040334050	市场营销案例与实训（第2版）	杨丽佳	23.60	课件

书号	书名	主编	估定价	配套资源
9787040226454	模拟公司市场营销实训	王三芳	16.80	课件
9787040352948	房地产营销实务（第2版）	黄元亨、黄建聪	21.30	
9787040198119	会展营销实务	惠雯、刘东磊	18.80	
9787040177107	市场营销能力综合训练	李军昭	12.10	
9787040565652	广告实务	姚丽		二维码、学习卡
9787040518443	广告创意经典案例（中英双语）	莱昂·伯格、朱增新	46.80	二维码
9787040363821	银行产品营销与服务	蔡宝兰	18.10	
9787040430141	连锁经营基础	何毓颖	28.00	课件
9787040552805	连锁经营基础（第2版）	何毓颖		二维码、学习卡
9787040430127	连锁经营门店营运	高磊	29.10	
9787040351323	连锁企业信息系统应用	郑彬	15.50	课件
9787040430165	客户服务与管理	何冯虚、栾静	26.10	课件
9787040430233	连锁企业仓储与配送实务	王翎	21.70	课件
9787040430110	连锁经营法律法规	张楠	25.10	
9787040430301	卖场营销	王翎、李承波	29.50	课件
9787040273359	超市服务与营销	郑彬	15.80	
9787040558913	企业文化（第3版）	王涛	23.90	二维码、学习卡
9787040307122	营业员英语口语	张海芸	24.40	课件
9787040486919	收银实务（第3版）	于家臻	21.30	
9787040379372	理货员岗位实训	高磊	19.60	课件
9787040367898	防损员岗位实训	傅晖	23.60	课件
9787040210965	店长岗位实训	商和功、杨蕊	17.90	课件

郑重声明

读者意见反馈

为收集对教材的意见建议，进一步完善教材编写并做好服务工作，读者可将对本教材的意见建议通过如下渠道反馈至我社。

咨询电话　400-810-0598

反馈邮箱　zz_dzyj@pub.hep.cn

通信地址　北京市朝阳区惠新东街4号富盛大厦1座

　　　　　高等教育出版社总编辑办公室

邮政编码　100029

防伪查询说明

用户购书后刮开封底防伪涂层，使用手机微信等软件扫描二维码，会跳转至防伪查询网页，获得所购图书详细信息。

防伪客服电话

（010）58582300

学习卡账号使用说明

一、注册/登录

访问http://abook.hep.com.cn/sve，点击"注册"，在注册页面输入用户名、密码及常用的邮箱进行注册。已注册的用户直接输入用户名和密码登录即可进入"我的课程"页面。

二、课程绑定

点击"我的课程"页面右上方"绑定课程"，在"明码"框中正确输入教材封底防伪标签上的20位数字，点击"确定"完成课程绑定。

三、访问课程

在"正在学习"列表中选择已绑定的课程，点击"进入课程"即可浏览或下载与本书配套的课程资源。刚绑定的课程请在"申请学习"列表中选择相应课程并点击"进入课程"。

如有账号问题，请发邮件至：4a_admin_zz@pub.hep.cn。